青春文庫

他県が知らない県民の壁

ライフ・リサーチ・プロジェクト［編］

青春出版社

はじめに

狭いようで広いのが、日本列島。47の都道府県には、それぞれ固有の「県民性」が存在します。

県民性とは、たとえば○○県民は、おおらかで明るい人が多い、○○県民は（よくいえば）金銭感覚にすぐれているといった、その県に住む人に共通する性格や気性のこと。そうしたキャラクターは、むろんそのエリアの歴史や風土、そこに住む人々の暮らし方や生き方など、さまざまな要因が絡み合うなか、生まれてきたものです。

そうして各地域の県民性が確立するなか、日本列島には多数の「(見えない）壁」が築かれました。近くの県でも、あるいは同じ県内でも、地域が違うと、暮らし方や考え方、あるいは言葉や食文化などに大きな違いが生じることになったのです。

というわけで、本書では、各都道府県の県民性を紹介しながら、この日本列島にどのような「県民の壁」があるかを探っていきます。この本で、日本という国、あるいは日本人に関して新たな発見をしていただければ、幸いに思います。

２０２３年８月

ライフ・リサーチ・プロジェクト

他県が知らない「県民の壁」＊目次

第1部 そういう「県民の壁」があったんだ！

1 食の壁 16

2 好みの壁 ―― 32

3 体質・気質の壁

4 しきたり・文化の壁 —— 54

5 暮らし方・働き方の壁　78

第2部 「県民キャラ」は裏から見るとおもしろい

2 中部・近畿

3 中国・四国・九州・沖縄 168

DTP■フジマックオフィス

第1部

そういう「県民の壁」があったんだ！

1

食の壁

なぜ北海道では梅干しがよく売れる？

「梅干しの有名な産地はどこですか？」と尋ねると、「和歌山県」と答える人が多いことでしょう。実際、全国生産量の約7割は和歌山で生産されています。

では、「梅干しの1人当たりの消費量が最も多い都道府県は、どこでしょう？」

——これは、北海道なのです。もともと、北海道で梅干しの消費量が増えたのは、開拓時代、屯田兵《とんでんへい》が携帯食として利用したのが、その始まり。食料が乏しい寒冷地で、梅干しは、屯田兵の健康を支えるうえで重要な役割を果たしました。

当時、北海道へ梅干しを運んでいたのは、江戸時代以来の松前船。同船が北海道と関西を往復し、北海道からは昆布やニシンを運び、関西からは梅干しなどを積み込んで北海道へ運んでいたのです。その後、北海道では、遠洋漁業が盛んに行われてきました。何か月も船に乗る生活が続くなか、梅干しは保存食として重宝され、それも北海道で梅干しがよく食べられる理由になったのです。

山形で「芋煮会」が開かれるようになったのは？

山形県では、秋になると、あちらこちらで「芋煮会《いもにかい》」が開かれます。馬見ヶ崎川《まみがさきがわ》の河原で開かれる「日本一の芋煮会フェスティバル」をはじめ、山形県の河原では、この時期、鍋で里芋などを煮炊きする光景をよく見かけるのです。

芋煮は、山形県ではポピュラーな家庭料理ですが、河原で煮炊きするようになったのは、最上川《もがみがわ》の船頭たちの「暇つぶし」に由来するといわれます。

話は、江戸時代にさかのぼります。当時、上方から山形まで物資を運んできた船は、最上川をさかのぼり、今の山形市の中山町長崎付近に到着しました。そこからは、積み荷を陸送するのですが、その運び手が集まってくるまで、船頭たちは河原で待つことになりました。その間に、船頭たちは、鍋で里芋を煮込んで、空きっ腹をいやしていたのが、河原で芋煮をするようになったはじまりと伝わります。

明治時代に入ると、他の人々も、船頭たちを真似て、河原へ鍋を持ち出して、芋煮会を楽しむようになりました。今では、9月から10月末まで、山形県各地で芋煮会が催され、20万人を超える山形県民が芋煮に舌鼓を打っています。

埼玉県が香川県に次ぐ「うどん県」になった理由

埼玉県内の飲食チェーン店のなかでも、県民からとりわけ愛されているのが、通称ダウドン、「山田うどん」です。同社は、県内を中心に、約160店の店舗を展開しています。

むろん、山田うどんが愛されるのも、埼玉県民がうどんをよく食べるという土壌があってこそ。通常、関東では、うどんよりそばが好まれますが、埼玉県にはその常識が通用しません。埼玉県のうどん生産量は、讃岐うどんで有名な香川県（シェア率7・3％）さえしのいで、全国1位（同7・7％）なのです。

もともと、埼玉県は小麦の産地であり、県内では、さまざまなスタイルのうどんが食べられてきました。たとえば、県東部の加須の「加須うどん」は、コシの強さとのど越しのよさが特徴。一方、所沢などの「武蔵野うどん」は、茶色がかった太麺が特徴で、肉汁やきのこ汁につけて食べるのが一般的です。また、西部の秩父地方では、かつては「おっきりこみ」と呼ばれるうどんが常食されていました。生めんを野菜などと一緒に煮込んだもので、山梨のほうとうに近いメニューです。

京都人に愛される独特な食べ物のアレコレ

京都には、いろいろな特色ある食べ物がありますが、その代表格といえるのが、白味噌仕立ての甘いお雑煮です。

京都の雑煮に白味噌が使われるのは、一説には、それが〝お菓子〟だからだといわれます。もともと京都には、白味噌を使ったいろいろなお菓子があります。カステラ風の生地に白味噌を塗った「味噌松風」、餅に白味噌を塗った「稚児餅」などです。端午の節句に食べるかしわ餅にも、白味噌を使ったものがあります。

白味噌は味噌のなかでも高級品なので、京都人はその白味噌をぜいたくに使って雑煮をつくり、「正月」という年に一度の特別な期間に、その〝お菓子〟を味わうというわけです。

また、京都では、鯖《さば》ずしをよく食べますが、それは京都が海から離れた都市であり、新鮮な魚が手に入りにくい土地だからこそでしょう。鯖がとれる日本海側の若狭から京都までは、約70キロの距離があり、とれたての鯖に塩をして京都まで運ぶと、着くころにちょうどよい塩かげんになります。その鯖を酢で締め、酢飯の上に載せたのが鯖ずしです。そうして、京都人は、手に入れにくい魚をよりおいしく調理して食べてきたのです。

もうひとつ、京都で好まれている魚は、鱧《はも》です。刺し身、焼き物のほか、切り身を湯引きして梅肉のタレで食べる〝落とし〟など、京都では多彩な鱧料理が食べられています。

京都で鱧がよく食べられるようになった理由のひとつは、鱧の生命力がひじょうに強いことです。昔は、瀬戸内の魚を京都まで運ぶ間に、ほとんどの魚が酸欠死していました。ところが、生命力の強い鱧は、生きたまま、京都まで運ぶことができたのです。その分、鮮度がよく、京都では鱧が好まれることになったのです。

さらに、京都の南禅寺や嵐山周辺には、湯豆腐の名店が多数ありますが、なぜでしょうか？

まずは、戦国時代、南禅寺自身が豆腐づくりをはじめました。争乱のなか、南禅寺は財政難に陥り、豆腐をつくって売りはじめたのです。江戸時代に入って世の中が落ちつくと、参拝客に湯豆腐を食べさせる店が、その参道に現れました。それが評判を呼んで、湯豆腐は南禅寺界隈の名物料理になっていきました。

一方、嵐山の湯豆腐は、幕末期、「森嘉《もりか》」という店が天龍寺に納める豆腐をつくりはじめたのが、そのはじまりです。そして、昭和30年代以降、嵐山が観光名所になるにつれて、嵐山の湯豆腐も全国的に有名になりました。

奈良の名物「茶粥」が誕生するまでの話

奈良名物のひとつに、お茶で炊き上げたお粥、「茶粥」があります。奈良では朝食は毎日、茶粥という家庭もあれば、町の食堂で食べることもできます。

その作り方は、いたってシンプル。ほうじ茶を布袋に入れて煮だし、そのお茶で米を煮るだけ。炊くというよりは、サラサラに仕上げるもので、粘りけのないのが特徴です。夏は冷たくして食べるなど、季節に合わせて変化もつけられます。

茶粥は、東大寺の僧侶が考案したと伝えられますが、この簡素な食べ方が一般庶民にも広まったのは、奈良県の地形が関係しているといわれます。

奈良は、周囲に丘陵地帯が多く、昔はお米があまりとれませんでした。そこで、貴重な米を節約するため、かさを増やせる茶粥が広まったというのです。奈良では「茶飯」も食べられますが、お湯でかさを増やすことのできる「茶粥」が、よりポピュラーになったというわけです。また、奈良は海に面していないため、塩が貴重品だったので、塩ではなく、お茶で味をつけることになったのです。

さて、茶粥以外の奈良の食の名物を紹介しておきましょう。「奈良漬け」は、その名のとおり、奈良で作られはじめました。白うりを塩漬けにしたうえで酒粕《さけかす》に漬け込み、べっこう色になるまでじっくり熟成させます。

「奈良漬け」という名は、江戸時代の慶長年間、糸屋宗仙という奈良の医者が、白うりの粕漬けを「奈良漬け」と名づけて商品化したのが最初と伝わります。

それが有名になったのは、徳川家康が好んだからです。家康は、江戸に幕府を開くと、糸屋宗仙を江戸に呼び、幕府御用商人に任じたほどの奈良漬け好きでした。

また、「柿の葉ずし」も、奈良の名物です。酢飯に鯖を載せ、柿の葉で包んだ押しずしで、主な産地は、山間部の吉野や五條。海から遠く離れた山里です。

そうした山里にとって、鯖は貴重なたんぱく源であり、海でとれた鯖を塩鯖にして運んでいました。その塩鯖の切り身をご飯に載せ、柿の葉で包んだものが、柿の葉ずしのはじまりです。

「柿食へば鐘が鳴るなり法隆寺」という名句があるように、むろん奈良に柿の木が多いことも、柿の葉ずしを生むきっかけになりました。

愛知県民にとって喫茶店が持つ〝意味〟は？

名古屋は、日本を代表する喫茶店王国。飲食店に占める喫茶店の割合の高さでは、むろん日本一です。名古屋では、繁華街や駅前はもちろん、住宅街でも数多くの喫茶店が営業しています。

名古屋で喫茶店が繁盛する理由のひとつは、中小企業が多いからといわれます。自社に応接室を設けると、そのスペースが必要になります。そんなお金をかけるよりも、近くの喫茶店を応接室代わりに利用すれば、安上がりですむというわけです。

そうして、名古屋では、多数の喫茶店が競合するなか、モーニングサービスがボリューム満点になりました。普通、喫茶店のモーニングといえば、コーヒーにトースト、それに生野菜がつく程度のものですが、名古屋では、それにドーナツやホットケーキ、茶碗蒸しといったオマケがつくのです。なかには、バイキング形式で朝食を出す店もあります。

さらに、名古屋の喫茶店には、味噌カツ、味噌オムレツ、野菜炒めなどの多彩なメニューを用意している店が少なくありません。つまり、名古屋の喫茶店は、普通の喫茶店ではなく、ファミレスに近い存在といえるのです。

静岡県がコメ消費ランキング上位に入るワケ

静岡県は、有名なコメどころではないわりに、静岡県の人々はご飯が大好きです。県別の一人当たりのコメ消費量で上位にランクインするのです。

その理由は、「マグロ」と「お茶」にあるといわれます。

まず、マグロに関しては、遠洋漁業の基地がある静岡県は、マグロの一人当たり購入量が全国トップ。新鮮なマグロの刺し身を食べることで、ご飯がすすむというわけです。

また、静岡といえば、日本きっての茶どころ。おいしい日本茶があれば、ついついご飯もすすむというわけです。

また、静岡県の各都市は市街地が狭く、通勤や通学にあまり時間がかからないことも、コメの消費量が多くなる理由ではないかと指摘されています。朝、ゆっくり朝食をとれるので、パンよりもご飯という人が多くなるというわけです。

富山県人が、昆布をよく食べる歴史的理由

富山県人は昆布をよく食べます。総務省の家計調査によると、都道府県別の消費量で、青森市（年間556グラム）、盛岡市（岩手県、490グラム）に次いで、富山市は474グラムで全国3位に位置しています。

実際、富山では、多くの家で、高級な昆布を缶に入れて保存しています。大事な来客があったときや、正月、お祭りなどのさいに使うためです。

とはいえ、昆布は、富山でよくとれるわけではありません。もっぱら、北海道産を買っているのですが、それは江戸時代、この地が松前船の中継地であり、昆布が運ばれてきたこと以来の伝統といえます。

そもそも、神戸名物「くぎ煮」とは？

神戸に春を告げる食べ物といえば、「くぎ煮」です。くぎ煮は、イカナゴの稚魚を佃煮にしたもので、例年、イカナゴ漁が解禁されるのが2月下旬。明石海峡大橋の周辺などに、イカナゴ漁の小船が集まってくると、神戸市民は、春が近づいたことを実感します。水揚げされたばかりのイカナゴは、ほどなくして市内のスーパーの店頭に並びます。くぎ煮にするには、とにかく新鮮なイカナゴをゲットすることが重要。多くの人が開店と同時に駆けつけます。

松江の人は、なぜ茶をたてるのが大好きになった？

島根県の県庁所在地の松江には、「松江の茶飲み倒れ」という言葉があります。

このお茶は番茶や煎茶ではなく、抹茶をたてて飲むお茶のこと。事実、松江では、三時のおやつのときにも、抹茶をたてて和菓子を食べる家庭が少なくないのです。お客が訪ねてきたとき、煎茶を出すのではなく、一服たてる場合もあります。

このように、松江の人は、煎茶やコーヒーをいれる感覚で、お茶をたてるのですが、この風習は2世紀以上も続いているものです。松江は18万6000石・松江藩の城下町として発展した町ですが、同藩10代藩主の松平治郷（1751〜1818）は、「不昧《ふまい》」という茶号をもつ大茶人でもあったのです。

松平治郷は、それまでの茶道に飽きたらず、自ら「不昧流」という流派を打ち立て、客のもてなしや、日常生活のやすらぎのために茶をたてることを松江の人々に広めました。その伝統が今に受けつがれているのです。

香川県民とうどんの見えないつながり

「香川県は、信号機の数よりも、うどん店の数が多い」といわれます。さすがに、これはジョークのたぐいで、県内のうどん店の数は６００店弱。信号の数は約２１００基あるので、さすがに遠くおよびません。それでも、人口当たりのうどん店の数では、全国トップの座にあります。

それほど、香川県でうどんがよく食べられ、〝うどん店密度〟が高くなった理由は、この地に、うどんを作るための良質の素材がそろっていたことが第一にあげられるでしょう。

まず、香川県では、昔から良質の小麦がとれ、加えて瀬戸内の塩、小豆島《しょうどしま》の醤油、伊吹島のイリコと、質の高い素材をそろえられました。それが、あの讃岐うどんのコシの強い麺と濃厚な味わいの出汁を生みだし、香川県を「うどん県」にしてきたというわけです。

どうして、長崎県民は甘党になったか

日本で最も甘党なのは、長崎県民といわれます。長崎県民がいかに甘いもの好き

かは、長崎の三大銘菓を食べてみるとよくわかります。

まずは、カステラです。砂糖をたっぷり使うため、口にいれたとき、ザラメがザラッと歯にあたるほど。そして、コンペイトウは、まさしく砂糖の固まり。そして、鶏卵素麺も、玉子の黄身と砂糖だけで作った超極甘のお菓子です。

お菓子だけではなく、長崎では、普通の料理にも、砂糖をたっぷり使います。長崎名物の「しっぽく料理」は、煮物も吸い物も甘口で、卓上には、お汁粉やまんじゅうまで並びます。さらには、漬物も、長崎では、冬瓜《とうがん》やショウガ、ザボンなどを砂糖漬けにするのです。

そうした長崎県民の甘党ぶりには、400年以上の伝統があります。この地には1560年代、すでにポルトガル人が訪れ、コンペイトウなどの菓子をもたらしました。当時の長崎の人々は、そうした異国の甘い味をおぼえ、その甘さを豊かさの象徴としてきたのです。以来、長崎では、砂糖をたっぷり使った料理が、いちばんのご馳走とされてきたというわけです。

◉コラム・東日本と西日本の壁❶

東のサケ、西のブリになったわけ

「正月魚」は、大晦日から三が日にかけて、一家の繁栄を願って食べる魚のこと。この正月魚として、東日本ではもっぱらサケを食べ、西日本ではブリを食します。

東のサケ、西のブリに分かれた背景には、むろん産地との関係があります。サケとブリの境界線は、新潟県―長野―静岡を結ぶあたり。おおむね、本州の真ん中で分かれますが、その北側ではサケがよくとれ、南側ではブリがよくとれてきたのです。

境界地域では、同じ県内でも東西でサケ圏とブリ圏に分かれ、たとえば長野県内では、長野市中心の北東部ではサケ、松本市中心の南西部ではブリを食べます。また、静岡県は、天竜川を境に、サケとブリに分かれます。

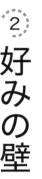

2 好みの壁

「大きいもの」がよく売れる北海道のナゾ

北海道では、サイズの大きな商品がよく売れます。逆にいえば、焼酎でも、シャンプーでも、アイスクリームでも、容量の多いものでなければ、売れないのです。北海道の人々は、とにかく大きな商品を選ぶのですが、その理由はいくつか指摘されています。

まず、北海道は広いため、多くの場合、自宅からスーパーや商店まで、かなりの距離があります。少量の品だと、しばしば買いに行く必要がありますが、それは他の地域よりも大変な作業なのです。そこで、北海道の人たちは、一度買い物に出かけると、大量に買うことになり、大きめの商品を選ぶことになる、というわけです。

また、北海道では、厳冬期は買い物に出かけるのも、大変になります。そこで、買い物の回数を減らすため、大きな商品を購入するようになったといわれます。

さらには、おおらかな性格のため、小さめの商品を買って少しずつ使うことが、性に合わないということもあるのでしょう。

北海道では殺虫剤があまり売れないワケ

北海道では、殺虫剤があまり売れません。総務省の家計調査によると、北海道の住民が殺虫剤にかける金額は、トップの三重県の4分の1以下、全国平均の4割程度に過ぎないのです。

むろん、自然豊かな北海道に虫がいないわけではありません。それなのに、殺虫剤が売れないのは、北海道には「ゴキブリ」がいないからです。

もともと、ゴキブリは、気温の低い場所を苦手とする虫。年間を通して気温の低い北海道では、ゴキブリは数を増やすことができないのです。そのため、北海道では、殺虫剤のなかで最もよく売れているゴキブリ用の殺虫剤が必要ありません。その分、殺虫剤にかける金額が、他県よりも少なくなるというわけです。

群馬県にギャンブル場が多いのは偶然？

群馬県には、前橋競輪、伊勢崎オート、桐生競艇場と、公営ギャンブル場がそろっています。パチンコ店も、いたるところにあります。群馬県がそれほどのギャンブル県になったのは、江戸後期以降、製糸・織物業で栄えた土地だったからでしょう。

群馬県は、江戸後期から明治・大正時代、製糸・織物業が栄え、経済的に恵まれていました。そのため、稼いだ金を懐に、バクチ場へ通う男性が多かったのです。

そもそも、群馬県は、中山道、日光街道、三国街道が通る北関東の交通の要衝であり、街道沿いの宿場町が発達していました。

街道筋の宿場町で、博徒が賭場を開くと、大勢の人が集まり、賭博が盛んな地になったのです。

そうした気質が醸成され、現在まで受け継がれているといえそうです。

群馬県民の「クルマ好き」がわかるデータとは？

北関東は、人口一人当たりのクルマの保有台数が多いエリアで、群馬、茨城、栃木の順で、全国トップ3を占めています。とりわけ、群馬県の一人当たりの保有台数は、2021年の数字で0・712台で全国トップ。東京の0・22台の3倍以上も車を所有しています。

なぜ、群馬県民は、それほどクルマを必要とするのでしょうか？

まずは、群馬県は、鉄道があまり発達していないことがあります。クルマがないと、通勤にも通学にも、不便な土地柄なのです。

また、群馬県は県東部を中心に、大手メーカーの工場が多いのですが、そうした工場はたいてい鉄道の駅からは遠いところにあります。しぜんとクルマ通勤の人が増え、このこともクルマの保有率を高くする一因になりました。

さらには、かかあ天下の土地柄とあって、女性ドライバーの人数も多いため、一家に2台以上のクルマが必要になるというわけです。

また、群馬県はスバル（富士重工）の本拠地であり、県内には自動車関連の企業が多数あります。すると、知人にディーラーがいて値引き率が大きくなるなど、何かとクルマを購入しやすい環境がそろっていることも関係していそうです。

長野県民は日記をよく書くって本当？

業界では、長野県では、日記帳がよく売れるといわれます。確かに、長野県民には日記をつけている人が多いようで、日記帳の販売数から推定すると、県民には日記を書いている人が約20万人、長野県の総人口は約２００万人ですから、県民の10人に一人は、日記を書いている計算になります。

長野県民が日記をよく書くのは、なぜでしょうか？　まじめな県民性も理由のひとつでしょうが、それ以上に、長野県では、小学校で日記を書くことが熱心に指導されることが大きいようです。

子ども時代に日記をつける習慣が身につき、大人になってからも日記を書き続ける人が多いとみられています。

大阪のファッションをめぐる意外な県民性とは？

大阪のファッションは、派手だといわれます。たしかに、大阪では、原色や大きなロゴの入った洋服がよく売れる傾向があります。

とくに、大阪では、女性のファッションが派手なのですが、そうした大阪女性の派手好みは、今にはじまったことではなく、江戸時代にはすでに、上方の女性の派手さについて記された文献があるほどです。

作家の谷崎潤一郎も、「和服の色あいにしても、関西のほうが関東よりも派手」だと書いています。

なぜ、大阪の女性のファッションは、派手になったのでしょうか？　その理由は、いくつかあるといわれます。

第一の理由は、むろん目立ちたがり屋が多いことです。そうして、派手さを競い合ううち、エスカレートしてどんどん派手になっていくのです。

第二の理由は、新しいファッションが大阪から流行しはじめることが多いことです。流行りはじめたばかりのものは、目新しい分、派手にも見えるということもあるのでしょう。

「京の着倒れ」は今も本当か

昔から、「京の着倒れ」といわれますが、今の京都は着倒れどころか、ファッシヨンには、あまりお金をかけないエリアになっています。

たとえば、都道府県別の女性の洋服購入費のランキングをみると、近年の平均値では、京都は32位の４４６２６円と下から数えたほうが早い順位に位置します。

ちなみに、最も多いのは、徳島県の７１８８６円、以下、東京都（６７７５９円）、奈良県（６１７４８円）、埼玉県（５９８４６円）、神奈川（５８０５８円）と続きます。大阪は21位（４７６５４円）、兵庫は31位（４４９２７円）ですので、全体に東高西低の傾向にあります。

京都人の語学学習意欲がやけに高いのは？

語学の学習に、どれくらいのお金をかけているか、という都道府県別のデータをみると、京都府民が語学学習にお金をかけていることがわかります。その理由は、おおむね２つあげられます。

まず、京都が日本一の観光都市であり、多くの外国人観光客が訪れることです。

そのため、観光産業に従事している人にとって、英語力は必須のビジネススキルといえます。外国人と頻繁に接するので、最低限、日常会話程度の英語を身につけておく必要があるのです。

もうひとつの理由は、京都には大勢の学生がいることです。京都は古くからの大学の街であり、京都大学・立命館大学・同志社大学・龍谷大学・京都産業大学・京都工芸繊維大学・京都精華大学・花園大学など、周辺地域を含めると、約50もの大学・短大があります。その学生たちが、語学学習に精を出しているのです。

和歌山で売れる服の意外な特徴

和歌山県民は、ふだんは節約につとめているのですが、こと冠婚葬祭に関しては、派手に使います。そんな和歌山県では、礼服がよく売れます。冠婚葬祭に招かれたとき、失礼のないように、礼服に気をつかうのです。

一方、ふだんの服装は無頓着で、夏場以外は、ジャンパー姿という人が多い土地柄です。そのため、和歌山の洋服店では、礼服とジャンパーがよく売れるといわれます。

また、仕事から帰ると、すぐにジャージに着替える人が多く、近所までならジャージのまま出かける人が目立ちます。

鳥取県が「軽自動車王国」になった3つの理由

鳥取県は、軽自動車の普及率がひじょうに高い軽自動車王国。おおむね、5世帯に4台は軽自動車を保有している計算になります。

それほど、軽自動車によく乗る理由のひとつは、女性の就業率が高く、女性が外でよく働いていることです。つまり、お母さんや娘さんが、職場まで軽自動車に乗っていく家庭が多いのです。

また、高校を出た男の子が、就職したり、進学するとともに免許をとり、まず軽自動車を買う（買ってもらう）ことも、軽自動車王国の理由になっています。鉄道があまり走っていないため、軽自動車が通学・通勤の足となるのです。そうして、まず軽自動車に乗ってクルマに慣れてから、普通車に買い替えていくというわけです。

さらに、農作業用の軽トラックを持っている家庭も多数あります。軽トラなら、狭い農道へも入っていけるし、小回りもききます。近くへのちょっとした買い物も、軽トラックの方が便利という人が多い、飾らない土地柄なのです。

愛媛県人は、悪く書かれても『坊っちゃん』が好き!?

愛媛県、とりわけ松山市には、夏目漱石の小説『坊っちゃん』にちなんだものが数多くあります。「坊っちゃん文学賞」という文学賞もあれば、「坊っちゃんスタジアム」（松山中央公園野球場）という愛称の三万人収容の野球場もあるという具合です。

ただし、奇妙なのは、小説『坊っちゃん』のなかで、愛媛県は少しもほめられていないことです。『坊っちゃん』では、松山市を中心とした愛媛県は、ひどい田舎であり、江戸っ子にはとても住めない土地として描かれているのです。

それでも、愛媛県の人々は、そのことにほとんどこだわっていません。相当の悪口を書かれていても、自分たちの県を舞台にした傑作を愛しているのです。

そのことは、愛媛県の県民性をよく表しているといえるかもしれません。おおらかで、小さなことにこだわらないのが、愛媛県人なのです。

鹿児島県民の「切り花」購入額からわかること

鹿児島県には、〝男性的〟なイメージがありますが、意外に「花」を買う人が多い県でもあります。とりわけ、「切り花」の購入額では長年トップを維持し、最近のデータでも、上位にランクインしています。たとえば、２０２０年は、１位の宮城県（年間６９１４円）、２位の佐賀県（５７２１円）に次いで、３位の５７０７円を切り花に費やしています。

ただ、鹿児島県民は、その切り花をダイニングテーブルなどに飾るわけではありません。鹿児島県民は、もっぱらご先祖のお墓に供えるために、切り花を購入するのです。

全国的には、お墓に花を供えるのは、春と秋のお彼岸、お盆、先祖の命日ぐらいのものですが、鹿児島では、週に一回くらいのペースで、お墓に供える花をとりかえる人が多いのです。お墓が家の近くにある人のなかには、毎朝、通勤途中に自らの手で花を供える人もいるくらいです。そうして、鹿児島県では、切り花の売り上げが伸びてきました。

一方、全国で最も切り花を買わないのは、沖縄県（1267円）の人たちです。沖縄県民にいわせると、花は「買う」ものではなく、庭や野原で「摘む」ものだそうです。

◉コラム・東日本と西日本の壁❷

そばやうどんの出し汁が東西で違うのは？

関西のうどんと関東のそばでは、出し汁の濃さが違います。薄味の関西に対して、関東は塩辛くて濃いのが特徴です。そうした違いは、とれる野菜の違いに理由があるといわれます。

まず、関東の土壌は、「関東ローム層」を中心とした火山灰土が多く、やせています。昔は、とれる野菜の味ももうひとつだったため、野菜に濃い味をつける必要がありました。そこから、濃い出し汁が使われるようになったのです。

一方、関西の土壌は豊かで、京野菜をはじめ、おいしい野菜がとれました。そこで、野菜本来のおいしさを味わうため、出し汁は薄味になったというわけです。

3 体質・気質の壁

「秋田美人」を裏づけるデータとは？

ご存じのように、秋田県は自他ともに認める美人の多い県。秋田県の国道沿いには、「美人多し脇見運転注意！」という交通看板が立っているほどです。

秋田美人の特長は、なんといっても、その肌の白さといえるでしょう。色白の度合いを計る白色度を調べると、日本人の平均が22・6なのに対して、秋田県人は29・6と、確かに白いのです。

その白い肌をつくっているのは、やはり北国の気候です。日照時間が短いうえ、年間を通して湿度が高いので、しっとりした白い肌になるというわけです。

しかし、近年、その秋田美人が減っているという声もあります。東北新幹線、秋田新幹線の開通後、秋田県生まれの若い女性たちが、東京へ進学することが増えました。

東京の大学を出れば、東京の会社に勤め、東京で結婚することが増えます。そうして、秋田美人が東京へ〝流出〟したというわけです。

「山形県人はよく眠る」の根拠とは？

山形県には、「三世代同居」の家庭が少なくありません。その第一の理由は、住宅事情がよいことです。山形県は持ち家率が高いうえ、一住宅当たりの平均延べ床面積も広いというように、住宅事情にめぐまれているので、三世代同居が可能というわけです。

また、山形県は古くからの米どころであり、サクランボなどの果物栽培も盛んです。農繁期には、多くの人手が必要であり、その点からも三世代同居が多くなる傾向があります。

三世代同居の多さは、山形県民の暮らしぶりや気質に影響を与えているともいわれます。まずは、山形県民がよく眠ることです。都道府県別の睡眠時間を調査すると、山形県は、睡眠時間の長さで上位に入ってくるのです。

山形県人がよく眠るのは、早寝する高齢者と同居していると、他の家族もそれに合わせて、早寝になるからでしょう。夜ふかしをしない分、睡眠時間が長くなるというわけです。

埼玉県民は成人病で亡くなる人が少ない!?

埼玉県の健康上の特徴のひとつに、「成人病で亡くなる人が少ない」ことがあります。ガン、高血圧、糖尿病による死亡率が、そろってひじょうに低いのです。

その理由のひとつは、埼玉県民の平均年齢が、比較的若いことでしょう。埼玉県は転入してくる新住民が多い分、県全体の平均年齢が46・6歳と、全国平均よりも1歳ほど若いのです。

また、埼玉県が、全国有数の「野菜の産地」であることも見逃せないでしょう。埼玉県は、ネギ、カブ、キュウリ、ブロッコリー、ホウレンソウなどの生産量で、全国の上位を占めています。

とりわけ、埼玉県では、成人病予防に効果があるとみられる緑黄色野菜がたくさん生産されています。

新鮮な地場野菜が身近にあふれているため、埼玉人は野菜をよく食べ、その分、高血圧や糖尿病になりにくいと考えられています。

長野県はなぜ「長寿県」になったのか

長野県は、男性の平均寿命が78・90歳で、日本一長いことで知られます。女性も、沖縄、福井に続いて、85・31歳で第3位。長野県は、日本有数の長寿県なのです。

実際、長野県は、男性のガンによる死亡率が低く、心臓病による死亡率も全国平均を大きく下回っています。ガンと心臓病という日本人の二大死因による死亡率の低さが、長野県を長寿県にしているといってもいいでしょう。

その理由はさまざまあるでしょうが、心臓病の少なさに関しては、次のような説があります。長野県は山国で標高が高いので、しぜんに心臓を鍛えられているというのです。標高の高いところで暮らす長野県民は、マラソン選手がする高地トレーニングを毎日のようにしているようなもの。それだけ、心臓が鍛えられているというわけです。また、恵まれた自然の中で暮らすことで、ストレスがたまりにくく、それが心臓病やガンを少なくしているともいわれます。

三重県人は、日本でいちばん酒に弱い!?

三重県民は、日本人のなかでも、「最も酒に弱い」といわれます。かつて、筑波大学で、酒に強い遺伝子を持つ人の割合を都道府県別に調査したところ、三重県はその割合が全国最低だったのです。

酒類の年間消費量を見ても、三重県は全国最低レベル。さらには、三重県は、鈴鹿山系の名水に恵まれているわりには、全国的に知られた名酒がほとんど造られていません。酒に弱い人が多い三重県民には、酒造りを目指す人が少なかったのでしょうか。

なお、酒に強い遺伝子を持つ人の割合が最も高かったのは、秋田県で、２位は鹿児島県と岩手県。いずれも、酒豪の多いことで有名な県です。

神戸っ子に方向音痴が多いといわれるのは？

神戸っ子には、方向音痴の人が多いといわれます。生まれも育ちも神戸という友だちがいたら、初めて行った場所で、「東西南北、わかる？」と聞いてみるといいでしょう。たいていは、グルッと周囲を見渡した後、「わからんな」と答えるはずです。

というのも、神戸では、北側に六甲山系が連なり、南側には海が広がっています。そのため、神戸っ子の頭には、山のある方向が北で、海の方向が南という〝方向感覚〟がインプットされています。そのため、山や海が見えないと、方角がわからなくなってしまうのです。

むろん、他の街では、山や海があっても、それが北側、南側とは限りません。そこで、神戸っ子は、就職や進学でふるさとを離れると、新しい土地で、てきめんに道に迷うことになるのです。神戸独特の方向感覚に慣れ親しんでいるため、六甲の山並みが見えないと、方向感覚を失い、東西南北もまったくわからなくなってしまうのです。

◉コラム・東日本と西日本の壁❸

東の角餅、西の丸餅になった理由

関西では丸餅、関東では四角い餅が中心です。東西で餅の形が分かれたのは、関東人がせっかちだったからといわれます。

もともと、餅は丸いものでした。その理由ははっきりしませんが、一説には、望月《もちづき》（満月）をかたどったといわれます。

ところが、餅を丸くするには、ひとつずつ手で丸めなければなりません。その作業が、せっかちな江戸っ子には面倒だったのです。

そこで、つきたての餅を板状にのばし、固まったところを包丁で切るという「大量生産法」が編み出されました。そうして、餅は四角く切り分けられることになったのです。

4

しきたり・文化の壁

なぜ、北海道の結婚式は会費制なのか

北海道の結婚式の多くは、それ以外の地域とは、すこし違う形で行われています。ほかの地方では、結婚披露宴に招かれた客は、ご祝儀を持参しますが、北海道では、ご祝儀制ではなく、会費制のことが多いのです。祝儀袋を用意する必要もなく、受付で1万円ほどの会費を支払えばＯＫです。

会費制ですから、呼ぶほうも呼ばれるほうも気楽なもので、大して親しくもない

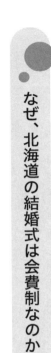

人も呼ぶので、１００人、２００人規模のパーティになることも珍しくありません。そうした北海道の会費制の結婚パーティは、古いしきたりに縛られない北海道を象徴しているといってもいいでしょう。

じつは、この会費制の結婚パーティは、開拓時代の名残りといえます。開拓民が結婚式の費用を用意するのも難しかった時代には、友人や知人がお金を出しあって、若い二人の門出を祝っていたのです。北海道では、今もそのスタイルが受け継がれているのです。

むろん、会費制ですから、「ご祝儀の額をいくらにしようか」などと、頭を悩ませる必要はありません。新郎新婦のほうも、引き出物の額や品選びに気をつかう必要はないというわけです。

茨城県の七五三が盛大に行われる理由

茨城県民は、「七五三」にお金をかけます。

普通、七五三といえば、神社へお参りし、千歳飴を買って記念撮影をすれば、おしまいでしょう。ところが、茨城県の七五三では、その後、披露宴のようなお祝いの会を催す家庭が少なくないのです。

なかには、ホテルの大広間などを借りて、盛大な宴会を催す家庭もあります。親戚、友人、親の仕事仲間、ご近所さんなどを招待して、子供が七五三を迎えたことを盛大に祝うのです。

招待客の前で、子供がお色直しをすることまであります。フルコースで行えば、結婚披露宴並の出費になりますが、それを親や祖父母が負担しているのです。このあたりにも、家族や家系を大事にする茨城県民気質が表れているといっていいでしょう。

山梨県で今も行われている「無尽」って何?

山梨県民は、密度の濃い人間関係のなか、きめの細かい人情をつむいできました。

その気質がよく表れているのが、今も行われている「無尽」というシステムです。

これは、地域や職場、同級生などの単位で、月一回集まって、毎月一定額のお金を積み立てていくシステム。そして、お金を必要とする人が、そこから借りるという互助システムです。

山梨県では、「今日は無尽だから」といえば、妻も文句をいわずに、夫を送り出します。山梨県では、飲食店のホームページにも、「無尽会、承ります」と出てくるくらい、ポピュラーに行われています。

昔は、この「無尽」に似た相互扶助システムが、各地にあったものですが、今も根強く、幅広く残っているのは、山梨県と沖縄県くらいのものです。

長野県はなぜ「教育県」になったのか

長野県民全体に共通する気質とされるのは「理屈っぽく、堅物で協調性がない、努力家で責任感が強い」というあたり。要するに、「まじめ」で「堅物」ということです。

また、理屈っぽく、議論で負けたくないので、長野県民はよく勉強します。長野県は昔から、「教育県」としても知られてきましたが、勉強好きの県民が多いのですから、それも当然のことでしょう。

長野県民が勉強好きになった背景には、この県の自然環境が関係しているようです。長野県は、やせた土地が多く、コメなどの作物が育ちにくい土地柄です。農業をまじめにやっていても、なかなか食べていけないので、学問で出世しようと志す人が多くなったのです。そうして学問が奨励された結果、教育県となってきたというわけです。

大阪の五・十日は、なぜか東京より混雑する!?

以前は、東京でも「五・十日は道路が混雑する」といわれたものでしたが、近ごろはさほど渋滞しなくなっています。支払いは銀行振込が一般的になり、いちいち足を運んで集金に回る必要がなくなったからです。

それに比べると、大阪では、今も「五・十日」に道路が混雑します。大阪では、今も取引先に頻繁に顔を出すことが仕事の基本であり、その取引先への「顔見せ」を兼ねた集金や納品が五・十日に重なります。そのため、五・十日は人の動きが激しくなり、大阪の道路は東京の五・十日よりもはるかに混雑するのです。

一言で関西弁といっても、こんなに違う！

一言で関西弁といっても、府県によってさまざまな違いがあります。この項では、あまり取り上げられることのない奈良弁、滋賀弁、和歌山弁、三重弁の違いについて、紹介してみましょう。

まず、奈良弁は、昨今は大阪弁や京都弁の影響を濃厚に受けているものの、まだアクセントや言い回しに奈良独自の特徴が残っています。

たとえば、「おはようございます」というとき、標準語では「ま」にアクセントをおきますが、奈良弁では最後の「す」にアクセントをおきます。「こんにちは」も、標準語では「こん」にアクセントをおきますが、奈良弁では、やはり最後の「は」にアクセントをおきます。

そうした奈良弁の発音を文字で表すと、「おはようございます（う）」、「こんにちは（あ）」という感じになります。

この発音だけをとっても、奈良弁がおだやかでのんびりした言葉だということがわかると思います。

また、奈良人は、話すテンポものんびりしていて、とりわけ関西人のなかでは、言葉がゆっくりです。早口で話すと、「なんか、大阪の人みたいやなあ」と、ぅんざりされることになります。

次に、滋賀弁は、地域によって少しずつ違うのが特徴です。京都弁、岐阜弁、伊賀弁（三重）、若狭弁（福井）など、距離の近い地方の言葉の影響を受けているからです。

たとえば、湖東の彦根は岐阜県に近いので、「だから」「それで」という意味で、中部地方の「ほいでよ」や「ほやでよ」を使います。一方、湖北や湖西の人が、

「～すれば、どう?」を「～したらは?」というのは、若狭弁の影響を受けているという具合です。

また、滋賀弁には、「敬語の種類が多い」という特徴があります。たとえば、「来る」の敬語として、「来られる」、「来らる」、「来なっさる」、「来なはる」、「来やす」など、10種類近くの言葉があり、かつては、相手の身分や年齢によって使い分けられていました。もっとも、今の滋賀県民の多くは、それらの敬語をすべては使い分けられなくなっていますが。

和歌山弁の特徴は、まず「ザ行」と「ダ行」が区別できない人が目立つということです。

「ゾウさん」は「ドウさん」、座布団は「だぶとん」、冷蔵庫が「れいどうこ」になるという具合です。

パソコンに向かっていた和歌山の人が、「デンデン（全然）が変換されない」といったという笑い話もあるくらいですが、もっともそれも年配者の話。最近の若者は、「ざじずぜぞ」をちゃんと発音できるようになっています。

また、和歌山弁は、滋賀弁とは反対に敬語表現が乏しいといわれます。そのため、初対面の他県人には、乱暴な言葉と誤解されやすい面があります。

もともと、日本全国、漁師町では、敬語があまり使われません。魚を急いでとるには、敬語なんかにかまっていられないため、漁師町では敬語が発達しない傾向があるのです。そのため、漁師町の多い和歌山では、敬語を使うという言語習慣が発達しなかったのです。

また紀州、とりわけ紀南は、江戸時代に紀州徳川家が来るまで、武士や公家の支配があまり及んでいない地域でした。そのことも、敬語が発達しなかった一因といわれます。

そして、「三重弁」の特徴は、滋賀弁と同様、地域によって言葉がかなり違うことです。

伊賀など、大阪や滋賀に近い地域に住む人は関西弁に近い言葉を話し、四日市や津など、名古屋寄りで暮らす人々は、名古屋弁に近い言葉を話します。

とはいえ、三重特有の言葉や言い回しも存在します。

たとえば、机を引きずらずに、持ち上げて運ぶことを、三重では「机をつる」といいます。三重県内の小学校では、「机つり当番」まで決められていますが、県外の人には通じない言葉でしょう。

また、「違うやん」や「これやん」のように、語尾の「やん」で強調を表すのは関西弁と同じですが、三重には「できやんやん」という言葉があります。「できないじゃないか」という意味ですが、大阪弁にはそんな言葉はありません。

なぜ、大阪には、公立の名門高が多いのか

東京で名門高校といえば、おおむね私立高校の名前があがります。男子高は、開成、麻布、武蔵が御三家と呼ばれ、女子高では、桜陰、女子学院、四谷雙葉《ふたば》が御三家とされます。

一方、大阪では、名門高校というと、府立高校の名前があがります。北野高校、天王寺高校、三国丘高校などの府立高校が名門高校とされているのです。

大阪で今でも府立高が名門とされるのは、学区割りを比較的広めにとっていることが大きな理由です。その分、学区内の高校数が多くなり、生徒にとっては選択肢

が広がるのです。

なお、関西きっての受験校、灘高校は大阪ではなく、神戸市にあります。兵庫県では東京と同じように、学区を小さく区切っているため、生徒が選択できる高校が少なく、優秀な生徒が私立校に集まる傾向があるのです。

グリコのネオンの知られざる歴史とは？

大阪名物の「グリコのネオン看板」。大阪ミナミの戎橋《えびすばし》のそばで、例のランナーが今日も両手をあげて走っています。

ここで、その歴史を振りかえると、グリコのネオン看板が初めて建てられたのは、1935年のことでした。

当時は、ただのネオンサインでも珍しい時代だったので、型破りのデザインは人目を集め、すぐに大阪ミナミの名物になりました。

しかし、太平洋戦争の戦況が厳しくなった1943年、軍部に供出するために初代は撤去され、２代目が再建されたのは、戦争が終わってから10年後、１９５５年のこと。その後、２度作りかえられ、ひときわ人気を集めたのは、１９７２年建設の４代目でした。

ランナーの後ろの陸上競技場が点滅し、それが道頓堀川の川面に映えました。そして、看板をバックに記念撮影する人が増えはじめ、大阪名物として不動の地位を確立したのです。

なぜ大阪には、銅像が少ないか

東京の街には、多数の「銅像」が置かれています。歴史的人物の銅像だけでも30はあり、そのうち、上野公園の西郷隆盛、皇居前広場の楠木正成、靖国神社の大村益次郎の三銅像が、「東京三大銅像」と呼ばれています。

一方、大阪は銅像が少ない街で、歴史的人物の銅像も、ないわけではありませんが、存在感はあまりありません。

大阪の街で、銅像の影が薄い理由は、大阪では「個人崇拝を嫌う風土があるから」という人もいます。たしかに、大阪では、いろいろな人が対等で、権力を嫌うムードが漂っています。要するに、権力臭が漂うような銅像が好まれないというわけです。

外から見えない京都市内の〝3つの文化圏〟

一口に「京都」といっても、場所によって、かなり個性が違います。たとえば、京都市内の中心地だけでも、「祇園」、「西陣」、「室町《むろまち》」という3つの文化圏があります。

これら3つのエリアは、町の雰囲気も違えば、住む人たちの言葉も「祇園花街ことば」、「西陣ことば」、「室町ことば」と、同じ京都弁ながら微妙に違っているのです。

まず、祇園は、お茶屋を中心とする地域で、舞妓さんや芸妓さんが街中を歩く観光地です。

一方、西陣は、西陣織の産地であり、糸屋や染屋が多い土地。室町は、中京区の四条室町を中心とする一帯を指し、呉服の問屋街で、西陣織だけでなく、全国から集まる着物地や帯を扱っています。

西陣と室町は、織物の町と呉服問屋の町ということで近い関係にありますが、しきたりなどを見るとかなり異なります。たとえば、祭りでは、西陣では5月に行われる今宮神社の今宮祭を中心とするのに対し、室町では7月に行われる祇園祭が中心です。

また、３つの文化圏のほかに、京都では高級住宅街でも〝棲み分け〟が行われているといいます。

京都には、「下鴨」、「嵯峨・宇多野」、「平野・衣笠」、「小山」、「北白川周辺」の５つの高級住宅地がありますが、京都大学に近い北白川周辺にはインテリ層、嵯峨・宇多野には高額納税者、下鴨は企業経営者が多いなど、同じ高級住宅街でも、場所によって住む層が微妙に異なるのです。

「大文字焼き」というと、京都の人はムッとする!?

毎年、8月16日の午後8時、京都の東山に「大」の字が浮かびあがります。次いで、松ヶ崎の「妙・法」、船山の「舟形」、大北山の「左大文字」、嵯峨鳥居本の「鳥居形」の文字や形が順番に夜空に描かれます。

この「五山の送り火」のことを「大文字焼き」と呼ぶ人がいますが、そういうと、多くの京都人は内心ムッとしています。よその土地の人が「大文字焼き」というと、「五山の送り火です」と訂正する人もいます。

この「五山の送り火」は、お盆に現世へ戻ってくるご先祖様の霊を再び送るための儀式です。

「五山の送り火」は、京都人にとっては、単なる山焼きや観光ショーではなく、先祖への供養の儀式なのです。それだけに、呼び名にこだわる人が多いというわけです。

山口県の各都市が、なかなかまとまれない事情

山口県民は、県外に対しては強く団結するのですが、県内どうしでは、まとまっているとはいいがたい県です。むしろ、バラバラの状態といえ、山口県民は「天下国家を語るまえに、まず地元をまとめろ」と陰口を叩かれることにもなります。

山口県の場合、広島県の広島市のような突出した大都市がなく、山口市という〝地味〟な市が県庁所在地であるため、中核となる都市がありません。県域は、下関市や宇部市を中心とする「長州」、岩国市や周南市を中心とする「周防」、萩市などの山陰側に分かれ、およそ一体感というものが感じられないのです。

下関市や宇部市は、関門海峡を渡れば、北九州市なので、そちらに目が向き、プロ野球は福岡ソフトバンクのファンが多い土地です。

一方、東側の岩国市や周南市は、広島に目が向き、広島カープのファンが多い土地柄です。

山陰側の萩市は、江戸時代には藩都が置かれていただけに、プライドと文化性の高い土地柄です。

「讃岐男に阿波女」の歴史をひもとくと…?

全国的には「東男に京女」といわれますが、四国では「讃岐男に阿波女」といわれてきました。「結婚相手を選ぶなら、男性は香川出身者、女性は徳島出身者がいい」という意味です。

その根拠は、まず讃岐の男性は、性格が穏やかなこと。高知のいごっそうのように、頑固で強情なところがなく、また愛媛の男性のように、のんびりもしていません。香川の男性は「へらこい」ので、抜け目なく立ち回ります。そのため、香川の男性と結婚すれば、泣かされることも食いはぐれることもなく、安定した結婚生活を送れるというわけです。

一方、阿波女がいい理由は、もちろんよく働くから。かつて、徳島県の農業は手間のかかる畑作中心で、そんな農作業を続けてきた徳島女性には働き者が多く、〝いいお嫁さん〟になってくれるというわけです。

徳島県で、阿波おどりが盛大に催される理由

徳島県では、ご承知のように、阿波おどりが盛大に催されます。その起源をめぐっては諸説ありますが、有力なのは、徳島藩の藩祖・蜂須賀家政（蜂須賀小六の子）が徳島に入って、徳島城を築いたさい、落成を祝って、無礼講の踊りを催したことにはじまるという説です。

その後、城下町が大きくなるにつれて、祭りも大きくなっていきます。そして、阿波商人が全国と商売するなか、さまざまな地方で見覚えた踊りを取り込むことで、現在のスタイルができあがってきたといわれます。

その一方、徳島の人々が、激しく我を忘れて踊り回るようになったのは、日頃のストレスを爆発させるためだったという説もあります。

江戸時代、徳島藩は質素倹約を徹底し、領民を勤勉に働かせました。そこで、阿波の人々は、そんな暮らしでたまったストレスを発散させるため、年に一度、阿波おどりに熱狂してきたというわけです。

愛媛県の県民気質が「野球拳」を生んだ!?

「野球拳」は、お座敷で行われる余興。♪アウト、セーフ、ヨヨイのヨイと唄いながらジャンケンをする野球拳を考え出したのは、愛媛県の野球チームでした。

1924年(大正13)10月、伊予鉄道電気の野球部が高松市を訪ね、高商クラブと試合をして、0対6で敗れました。その後、旅館で行われた懇親会で、同野球部が編み出したのが、野球拳です。その「夜の勝負」では、同野球部は高松勢に圧勝し、溜飲を下げたのでした。野球の負けを遊びで挽回しようとしたところにも、愛媛県民のおっとりした県民性がよく表れているといっていいでしょう。

さらに、同野球部は、松山へ帰った後も、この遊びを披露し、それが余興として広まりました。

なお、野球拳で負けたら服を脱ぐというお色気イメージは、かつてコント55号がバラエティ番組で披露し、全国的に知られるようになったもの。本来の野球拳は、服を脱いだりはしません。その後、萩本欽一さんは松山市を訪れたとき、お色気イメージを広めて申し訳なかったと謝罪しています。

なぜ、長崎県民は盛大な祭りが好きなのか

長崎県のお祭りは、とにかく盛大です。その代表格は、長崎の総鎮守・諏訪神社のお祭りである「おくんち」。6月の「小屋入り」から、10月の大祭まで、足かけ5か月も、お祭りは続きます。その他、盂蘭盆《うらぼん》の「精霊流し」など、長崎では、年間を通して、さまざまな祭りが行われます。

これは、江戸時代以来の伝統といえるでしょう。江戸時代の日本では、唯一、長崎だけがオランダや中国との交易を許されていました。江戸幕府は、その関税利益

の一部を長崎に還元し、長崎はおおいに栄えていました。

そのため、長崎の人々は200年余りの間、お金に困ることがなく、収入の多くを遊びや祭りに回すことができたのです。そうして、長崎では、いろいろなお祭りが盛大に催されることになったというわけです。

どうして長崎では自転車をあまり見かけない？

長崎市内では、自転車をあまり見かけません。それも、そのはずで、都道府県別の自転車購入費をみると、長崎の自転車購入額は、一世帯平均で、わずか年間530円。最も多い埼玉県（5880円）や2位の東京（5426円）に比べると、10分の1以下です。もちろん、全国の都道府県庁在地のなかでは最低金額です。

長崎市民が自転車に乗らない理由は、長崎に行ってみれば一目瞭然でしょう。長崎は海と山に囲まれた町であり、平坦な土地は少なく、住宅は傾斜地の斜面に張りつくように密集しています。どこへ行くにも、急な坂道を登ったり下りたりしなければならない地形です。そのため、自転車は不便な乗り物であり、長崎では、今も路面電車が市民の主要な足となっているのです。

なお、長崎に次いで、自転車購入費が少ないのは、鹿児島県です。鹿児島では桜島の火山灰が降る日が多く、自転車に乗りにくいため、敬遠されるという事情があります。

鹿児島県民の中元・歳暮への〝こだわり〟とは？

昔に比べれば減ってはきているものの、鹿児島県民は今も、中元・歳暮にかなりの費用をかけています。

鹿児島県民が中元・歳暮を贈るのは、今も「年功序列」を重んじる気風が残っているからでしょう。鹿児島県では、先輩・後輩の関係が重視され、とりわけ年長者に対しては黙って従うのが美徳とされます。また、日頃、世話になっている年長者に対して、感謝の気持ちを表すため、かつては盆暮の挨拶が欠かせなかったのです。

鹿児島県でも、中元・歳暮に贈り物をする習慣は薄れてきているものの、全国平均に比べれば、今も盆暮の挨拶を欠かさない人が多いというわけです。

なぜ沖縄県には「泳げない人」が多い？

沖縄は、美しい海に囲まれている県ですが、意外なことに、全国で最も泳げない人が多い県です。その理由は、第一に、沖縄全体が珊瑚礁に囲まれているために、泳ぎに不向きなところが多いことです。珊瑚で足を切ったり、ケガすることが多いので、沖縄の人はあまり海に入らないのです。この現象は沖縄県に限ったことではなく、世界を見渡すと、タヒチやニューカレドニアにも、カナヅチの人が大勢います。また、沖縄県では、かつてはプールが少なく、小中学校で、水泳を学ぶ機会が少なかったことも影響しています。

というわけで、沖縄県民にとって、海は泳ぐ場所ではなく、夕方、日が暮れてから、海辺で散歩を楽しんだり、バーベキューを楽しむ場なのです。

◉コラム・東日本と西日本の壁❹

うなぎが、東は背開き、西は腹開きになったのは？

うなぎの蒲焼きの調理法は、西日本と東日本では違い、大阪では腹開き、東京では背開きが一般的です。

もともと、うなぎを焼いた料理は、京都・宇治の名産でした。その昔は宇治川でうなぎがよく捕れたからです。江戸時代、大坂に伝わり、大坂では、腹から開いて中骨をとり、甘いタレをつけて焼くようになりました。腹から開いたのは、そのほうがさばきやすかったためです。

ところが、江戸では、腹から開くことが嫌われました。「切腹」につながると、武士が敬遠したためです。

そこで、江戸では背中から開くようになり、中骨、頭、尾、ひれ、肝をとり、2つか3つに切って白焼きにしてから蒸し、タレにつけて焼くようになりました。

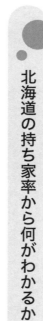

5 暮らし方・働き方の壁

北海道の持ち家率から何がわかるか

北海道の持ち家率は57・94パーセントで、東京、沖縄、福岡、大阪に次いで低くなっています。広い土地がありながら、半数近くの世帯が、借家やアパートなどで暮らしているのです。その理由のひとつは、雪が多いためといわれます。

寒冷地では、住居を建築するさい、いろいろなコストがかかります。断熱材をたくさん使ったり、玄関に防寒スペースを設けたりする必要があるからです。また、降雪のため、工期は長くなりがちです。要するに、北海道で家を建てると、割高になるのです。

また、北海道では、札幌をはじめ、旭川や函館といった都市に人口が集中していきます。北海道では、高校を卒業すると、札幌や旭川、函館などの都会へ出ていく人が多いのです。また、結婚後、札幌などの都会に移り住む人も増えています。現実に、札幌の人口は、戦後70年で22万人から200万人弱へと、9倍にも増えました。むろん、都会では、独身者を中心に、賃貸のマンションやアパートに住む人が多くなります。また、都市は値段が高いため、結婚後、家を持とうとしても、そう簡単には買うことができず、持ち家率が低くなるというわけです。

数々の「全国的チェーン店」を生んだ埼玉県のナゾ

全国展開しているチェーン店には、埼玉県発祥の企業が少なくありません。飲食系では、焼肉の「安楽亭」や回転ずしの「かっぱ寿司」、ホームセンターは「島忠」

や「ドイト」、アパレル系では「しまむら」が埼玉発の企業です。

それらの店舗が全国展開に成功した理由は、どこにあるのでしょうか？　まずは、埼玉県が人口が多いので、県内で十分な力を蓄えられることです。たとえば、飲食店の場合、安楽亭もかっぱ寿司も、豊かな人口を背景に、まずは県内で成長し、実力を蓄えてから全国に進出したのです。

一方、ホームセンターの場合は、埼玉県は、東京や神奈川に比べると、土地が安いため、店舗を展開しやすいことがあります。また、お客側も、埼玉県は地価が比較的安いため、庭付き一戸建ての家に住んでいる人が多いので、庭いじりやＤＩＹの道具類をそろえるため、ホームセンターに通うということになるのです。そうして、埼玉県内のホームセンターは繁盛し、全国展開する力を蓄えたというわけです。

神奈川県に、美容室が少ないのはなぜ？

現在の神奈川県にあたる地域は、古くからの交通の要衝であり、旅人とともに文化や情報の行き交う土地でした。

そして、幕末の開国以後、横浜が国際化し、戦後は米軍が駐留したため、アメリカ文化の影響を濃厚に受けることになりました。

そうして、神奈川県は、たえず新しい文化を取りこみ、ファッションに敏感な土地になりました。

たとえば、かつて流行したヨコハマ・トラディショナル、略して「ハマトラ」は、アメリカンカジュアルに影響されて誕生したものでした。

ところが、こと〝髪〟のおしゃれに関しては、意外な事実が存在します。神奈川県は、人口当たりでは、美容室の数が少ないのです。もちろん、神奈川や東京のような都会は、人口（分母）が大きいため、人口当たりの店舗数は少なくなる傾向があるので、これでかならずしも、神奈川県民が髪の毛には無頓着とはいえないでしょう。

一方、人口当たりの美容室数が多いのは、新潟県、長野県、福島県、静岡県、岡山県などです。これらの県には、大都市圏のような大型店は少なく、小規模の美容室が多いため、店舗数は多くなる傾向があります。

古本業界の「越後人脈」とは？

東京・神保町の古書店街には、１００軒を超える古書店が立ち並んでいます。それらの経営者には、新潟県の出身者が多いことで知られています。

その先駆けとなったのは、今の長岡市出身の大橋佐平、新太郎父子でした。彼らは明治20年代、日本橋で「博文館」という出版社を興し、同時に神保町で本の注文を取次ぐ「東京堂」をはじめました。その「東京堂」は、書籍の全国的な流通網を完成させ、現在の出版業界の基礎をつくりました。

その成功に刺激されて、多くの越後人が上京し、神保町で書籍関係の仕事、とりわけ古書店をはじめる人が増えました。たとえば、神保町交差点近くの老舗「一誠堂」（明治36年創業）も、創立者は長岡の出身です。その兄弟が「東京堂」に勤めていたのが縁で、店を開きました。そして、同店は、その後、事業を拡大するなか、越後出身者を採用。店員たちは古書店の経営を学び、やがて独立していきました。

そうして、古書業界で働く新潟県人が増えていったのです。

京都人があまり引っ越しをしないワケ

京都人は、あまり引っ越しをしません。たとえば、東京では、学生が大学を卒業し、就職すると、引っ越しをすることが多いのですが、京都の学生は、卒業・就職しても、学生時代に住んでいたアパートに、そのまま住みつづけるケースが多いのです。

それ以外の人も、他の大都市のように、更新を機に引っ越したり、もっと便利な場所がいいからなどと、気軽に引っ越す人はそうはいないのです。

京都人があまり引っ越しをしないいちばんの理由は、賃貸マンションやアパートの絶対数が足りないことでしょう。京都は大学生が多い街なのに、マンションやアパートの数が多くはありません。京都市では、景観などの理由から、ワンルームマンションの建築に制限を設け、戸数をあまり増やさないようにしてきたのです。

また、京都のマンションやアパートの大家さんには、入居者に関して、いろいろと注文をつける人が少なくありません。たとえば、ある大学の学生を入居させたところ、毎晩、友人を呼んで大騒ぎをしました。すると以後、「あの大学の学生は、騒ぐから入居させない」のように、仲介の不動産会社に注文をつける人が多いのです。

逆に、「あの大学の学生しか入居させない」と、入居者の大学を指定することが、半ば常識のようになっています。だから、京都は、気軽には引っ越しができない街になっているのです。

奈良の道路は、運転が難しいといわれる地元事情

奈良県は、道路が狭いことで有名です。しかも、一方通行が多く、思わぬところで行き止まりになることがよくあります。

そうした交通事情の悪さは、「古都」ゆえの宿命です。道路を拡張しようと思っても、各地に遺跡が埋まっているため、工事に慎重にならざるをえません。また、古くから同じ場所に住む人が多いため、「ご先祖から受け継いだ土地だから」と、

立ち退きに応じない住民が少なく、反対する声もかならず上がります。

たとえば、国道24号線は、奈良と京都を結ぶ幹線道路でありながら、大半の部分が片側一車線しかありません。国道沿いに多数の遺跡があり、拡幅工事もままならないのです。そのため、渋滞は日常茶飯事で、運転にも気をつかうことになります。

奈良では、国道以外の道路も道幅が狭く、奈良市内ではシカが堂々と路上を歩いています。というわけで、奈良で運転するのは、ひじょうに大変なのです。

神戸で「生協」が大きく育ったのはどうして？

「コープこうべ」は、単一の生活協同組合として、世界最大クラスの組合員数（約172万人）を誇ります。これほど大きな生協が育ったのは、やはり神戸がわが国の生協発祥の地だからでしょう。

大正時代、川崎造船所（当時）の労働者たちが、労働組合による購買組合の結成を計画したのですが、経営側の反対にあって行き詰まっていました。そのとき、地元出身のプロテスタント思想家の賀川豊彦が、イギリスの例を参考にして、生活協同組合の設立をアドバイスしたのです。

賀川のアドバイスを受けて、労働者たちは1921年、日本初の「神戸購買組合」を設立。店舗を開き、米や醤油といった日常必需品の販売をはじめます。やがて、市民にも「購買さん」と親しまれ、地域に根を下ろしました。

一方、「神戸購買組合」の創設から約1か月後、やはり賀川のアドバイスで、別の組織の「灘購買組合」もスタートします。

両組合はともに組合員を増やし、1962年には合併して、「灘神戸生活協同組合（現コープこうべ）」となりました。その後も組合員を増やし、世界最大級の生協に成長したのです。

広島県民に、海外移住者が多いワケ

広島県の県民性のひとつに、「広島を出ていくこと」があります。大阪や東京に出ていくだけでなく、明治・大正時代には、多くの移民が海外を目指しました。

その第1陣は、1885年（明治18）のハワイ移民で、総勢951人のうち、広島県人が156人（16％）を占めていました。かつては、ハワイ移民の英語の語尾には、広島弁の「のぉ〜」が付いていたといわれるくらいです。

以降、広島からハワイやアメリカ本土、ブラジル、ペルーなどへ移住した人の数は、10万人以上にのぼり、全国トップ。また、北海道の北広島市など、国内各地へ移り住んだ人も少なくありません。

とりわけ、アメリカ本土に移り住んだ人が多いのが、広島県の特徴で、農業などに従事し、努力して大農場主になるなど、アメリカンドリームを実現した人も少なくありません。

徳島県のお医者さんの人数をめぐるちょっとふしぎな話

徳島県は、お医者さんの数の多い土地柄で、人口当たりの医師数では、トップクラスに位置し、おおむね京都や東京とトップを争ってきました。

徳島県に、京都や東京といった大都市に匹敵するほど、医師が多いのは、この県に、四国では最古の徳島大学の医学部と歯学部があるからです。かつて、四国で、医師や歯科医をめざす若者は、徳島大学の医学部か歯学部に入学したものだったのです。

そして、徳島大学で学んだ県外出身者の多くが、在学中に働き者で有名な「阿波女」と恋に落ち、結婚しました。そして、地元に帰ることなく、そのまま徳島の病院に勤めたり、開業するケースが多かったのです。そうして、徳島県は、医者の数が多くなったというわけです。

鹿児島出身者に自衛隊員が多いのは？

鹿児島県は、自衛隊員になる人が多い県です。その理由は、おもに2つあげられます。まずは、鹿児島県民に流れる血がそうさせるといえるでしょう。

かつて「ぼっけもん」を理想像とした鹿児島県民は、戦前は軍人になる人が多く、鹿児島の子どもたちは、祖父や父親から、軍人や兵隊として戦った話を聞かされながら育ちました。そのうち、子どもや孫もそんな環境にあって、今も自衛隊をめざす人が少なくないというわけです。

もうひとつ、現実的な理由は、鹿児島県の県民所得が低いことです。鹿児島県は、台風や火山灰の降灰といった自然災害が多く、農業にはあまり向いていません。かといって、これといった地場産業もないので、鹿児島の若者にとって、自衛隊は数少ない安定した就職口なのです。

また、自衛隊では、むろん階級などの上下関係が重視されますが、そうした職場の特性も、鹿児島県の県民性によくマッチしているといわれます。

◉コラム・東日本と西日本の壁❺

東京は敷金・礼金、大阪は保証金になったわけ

アパートやマンションに入居するときには、最初に、一時金を支払いますが、東京では敷金・礼金と呼び、大阪では保証金といいます。

まず、東京の敷金は、家賃の二か月分程度で、家賃が支払われないとき、その敷金が家賃に充てられます。だから、家賃を支払っていれば、退去するとき、返還されるはずですが、室内の損傷などを理由に、その修理費用分が差し引かれます。その費用明細をめぐって、トラブルが発生しやすいのは、ご承知のとおりです。

また、礼金は、家主へ慣習的に支払われている謝礼金。退去時に返還されず、そのまま家主の収入となります。

一方、大阪の保証金は、性格的には東京の敷金に近いもので、大阪市内では家賃の七〜八か月分が相場。そのうちの四〜五か月分は、退去時、返還されず、家主の収入になります。ただし、契約書にそのことが明記されているので、東京の敷金と違って、退去時のもめごとのタネになることはありません。

第2部

「県民キャラ」は裏から見るとおもしろい

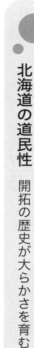

1 北海道・東北・関東

北海道の道民性　開拓の歴史が大らかさを育む

北海道民の道民性をあげると、まずは、大らかで、細かいことを気にしないことでしょう。そして、古いしきたりや慣習にとらわれることなく、自由なこと。そうして、何事も「いいんでないかい」と笑い合ってすませてしまうのが、北海道民の気質といえます。

そもそも、北の大地を開拓するには、相手がどこの誰であろうと、協力し合っていく必要がありました。むろん、新しい土地に、古いしきたりや厄介なしがらみはありません。そのような開拓の歴史が、道産子の大らかさを育んだのです。

そうした北海道は、日本の国土面積の22％を占めるほど広く、おおむね４つのエリアに分けられます。その４エリアは、網走や根室がある「道東」、稚内や名寄《なよろ》の「道北」、函館中心の「道南」、そして札幌を中心とする「道央」です。

そして、地域によって多少は気質の違いがあるといわれるのですが、なかでも大きく違うのは、札幌です。人口約２００万人と、北海道全体の４割近い人口をかかえる大都市だけに、北海道の他地域とはちがい、都会的でプライドの高い人が多いというのです。

青森県の県民性

青森県には、２つの県民性がある

青森県の県民性を語るときに欠かせないのが、「じょっぱり」という言葉です。「じょっぱり」は「情張」に由来し、意地っ張り、強情、負けず嫌いといった青森県民の気質を表します。青森県民のそうしたキャラクターは、吹雪く日が多い厳しい自然環境のなかで生まれたといえるでしょう。

ただ、同県は、西側（日本海側）の津軽地方と、東側（太平洋側）の南部地方とでは、地形や気候が異なり、気質も違うといわれます。

まず、西側は、地形的には、稲作に適した沖積《ちゅうせき》平野が広がっています。ただし、気候は日本海型気候で、冬場は大雪が降ります。一方、東側は、地形的には、八甲田山が噴出した火山灰が洪積《こうせき》台地を形成しています。気候は太平洋型気候で、冬でも晴れの日が多く、雪も日本海側の5分の1ほどしか降りません。ただし、夏は「ヤマセ」と呼ばれる湿った冷風が吹き、冷害や飢饉に悩まされてきました。

とりわけ、江戸時代は、西側は津軽氏の津軽藩（弘前《ひろさき》藩）、東側は南部氏の盛岡藩（南部藩）の所領だったため、東西で激しく対立してきました。

対立のきっかけは、もともと南部藩に属していた津軽地方が、独立し、江戸幕府もそれを認めたことです。南部藩から見れば、津軽に裏切られたことになります。一方、津軽にすれば、南部が自分たちの土地を奪い、搾取していたということになります。それが2つの藩に分かれたことで、産業面・経済面でも違いが生じ、津軽では農業、南部では漁業が盛んになりました。その違いは今も残り、たとえば、冬のスポーツでも、津軽はスキーを楽しむ人が多く、南部はスケートが盛んといった違いがあります。

気質も、津軽地方はまさしく「じょっぱり」ですが、南部には比較的大らかで明るい性格の人が多いといわれます。

岩手県の県民性　なぜ粘り強いのか

岩手県は、しばしば冷害や飢饉に見舞われてきた土地。そういう厳しい自然環境が、岩手県民の粘り強い気質を生み出しました。岩手県出身の作家・宮沢賢治の『雨ニモマケズ、風ニモマケズ』は、そんな気質をよく表しているといえます。

また、岩手県民には口下手な人が多いのですが、その気質が名物の「わんこそば」を生んだともいわれます。「わんこそば」では、お客の背後に控えた店員さんが、空になったお椀に次から次へとソバを放り込んでいきます。

岩手県民には、無口でお客をもてなすのが苦手な人が多いため、客人をもてなすとき、このわんこそばを楽しむようになったというのです。たしかに、わんこそばなら、寡黙な岩手県民も、楽しく時を過ごせるというわけです。

そうした岩手県は、北海道に次ぐ、広い面積をもつ県です。そのため、県民気質には多少の地域差があるといわれます。

そもそも、岩手県には、北部と南部が長く対立してきたという歴史があります。それは、江戸時代、北部が南部藩、南部が伊達藩に属していたことに由来します。両藩では、藩の境界を決定するときも、もめたというエピソードが残っています。両藩は、同時刻に双方の城から馬を走らせ、出会ったところを藩境にしようということになったのですが、その競走後、南部藩は伊達藩が約束の時刻より早く馬を出したと主張。一方、伊達藩は、これを南部藩の泣き言と切り捨てたと伝わります。

このエピソードに象徴されるように、岩手県では、県北部（旧南部藩）の人は、万事のんびりとしているのに対し、県南部（旧伊達藩）は商業が盛んな土地であり、ビジネス感覚にすぐれているといわれます。

また、県北部は、冬の間、雪に閉ざされるため、より閉鎖的で、人見知りの傾向が強く、県南部はまだしも社交性がある人が多い傾向があります。

秋田県の県民性　豊かな風土が生んだキャラクター

秋田県の人々は「秋田犬に似ている」という人がいます。秋田犬は、忠犬ハチ公に代表されるように、従順でがまん強い犬種。その反面、自らで判断し、物事を決められないところがあります。そうした秋田犬の性格が、秋田県の県民性と似ているというのです。とりわけ、秋田県民のよくいえば、おっとりとしているところ、悪くいえば、優柔不断なところが似ているといわれます。

秋田県人のそうしたキャラクターは、東北のなかでは豊かな風土によって育まれました。秋田は米どころであり、金などの鉱物資源も豊富です。秋田杉の値段も、高値で安定してきました。環境に恵まれ、おっとり暮らしていても、食べるのに困らなかったのです。そうした豊かな風土から、気はやさしく、温厚で争いごとを好まない性格、のんびりして優柔不断なキャラクターが生まれたというのです。

そうした秋田県人の気質は、「四倒れ」ともいわれます。「飲み倒れ」、「住み倒れ」、「食い倒れ」、「着倒れ」の四倒れです。

この言葉が示すように、秋田県民には、見栄っぱりで浪費家な面があります。たとえば、岩手県や山形県の女性は、ふだん着でも街に出ますが、秋田県の女性は街に出るときは、かならずよそ行きに着替えるという具合です。また、秋田県では、新製品や高額の農機具がよく売れるという傾向があります。

山形県の県民性　エリアによって気質が違う

東北6県のうち、秋田県と宮城県は、江戸時代を通じて、大藩がほぼ全県を治めていました。一方、山形県は中小の藩に分かれていました。そのため、山形県は地域によって、気質に違いがあるといわれます。

まず、県南部の置賜《おきたま》地方は、かつて米沢藩（上杉家）が治めた地域で、倹約志向が強いといわれます。米沢藩は幕府から冷遇されて、石高を半分に減らされた際、

「質素倹約」「自給自足」「勤倹貯蓄」が奨励され、質素倹約の気風が根づきました。

一方、日本海側の酒田・鶴岡を中心とした庄内地方は、同じ山形県人とは思えないほど、社交的です。江戸時代、庄内米や紅花の交易で栄えたこともあって、商人的な気風が根づいたのです。また、交易を通じて、上方文化が入り込み、冠婚葬祭、とりわけ結婚式には金を惜しまない傾向があります。

また、北東部の最上地方は、かつて新庄藩が治めた土地で、東北人らしい地味で実直な人が多い土地柄。

東南部の村山地方は、かつては山形藩と幕領で、紅花の生産地帯だったこともあって、庄内地方に近い明るい気質といわれます。

宮城県の県民性　東北人のわりに、東北人っぽくない!?

宮城県は「東北であって、東北ではない」といわれ、宮城県民は「東北人らしくない」といわれます。

普通、東北人の気質といえば、粘り強く頑固で閉鎖的といった点で、おおむね一致しています。冬場、雪に閉ざされる地域が多く、人の出入りが少ないため、仲間同士の調和が優先され、派手な個人プレーは嫌われてきたのです。ところが、宮城県民は、そうした「みちのく気質」とは無縁で、東北人のなかでは、派手で、社交的です。集団よりも個を重んじる気風があり、一言でいえば、都会っぽいのです。

そうした東北人らしからぬ県民性は、この県独特の環境と歴史が生んだといえそうです。まず、宮城県は、東北地方のなかでは、冬の寒さが厳しくなく、雪もさほど降りません。日照時間は長く、農作物が豊かに実ります。また、この県の沖合で暖流と寒流がぶつかるため、魚は量も種類も豊富です。要するに、食べるのに困らない地域なのです。

歴史的には、そうした土地に伊達政宗が登場し、東北随一の雄藩を築き、経済的にも繁栄させました。正宗は、灌漑《かんがい》を成功させ、表高は六二万石ながら、実質的には百万石前後の米が収穫されていました。そして、仙台は、江戸時代から、東北随一の城下町だったのです。

宮城の人々は、そうした土地で、豊かに暮らしてきました。宮城県民がおしゃれなのも、伊達家の伝統を受け継いだものといえます。「伊達男」といえば、粋でおしゃれな男性のことですが、これは伊達家の藩士の派手な姿に由来する言葉です。朝鮮出兵の際、京都の人々は、京に上った伊達勢の軍装に驚いたと伝わります。そこから、「伊達男」や「伊達者」といった言葉が生まれたのです。

そのおしゃれぶりは、現代の宮城県民にも受け継がれ、宮城県民は、今も衣服や履き物にかける費用が全国でもトップクラスなのです。

福島県の県民性　歴史から読む福島県の県民性

福島県は、北海道、岩手に次ぐ広い県であり、地域によって暮らし方や方言がかなり違います。その地域は大きく次の３つに分かれます。

太平洋側の「浜通り」と呼ばれる地域、福島市を中心とした「中通り」と呼ばれる地域、そして「会津地方」です。

もともと、これらの３つの地域は、江戸時代は別々の藩に治められ、明治維新直後も別々の県で、後に合併したという経緯があります。そのため、福島県の県民性も、おおむね3つに分かれるといわれます。

まず、「浜通り」は温暖な地域で、雪はあまり降りません。太平洋に面しているので、港町が多く、東北地方のなかでは、さっぱりした明るい気質です。また、明治以降、常磐炭田の開発で、外から入ってきた人も多く、福島県内では開放的な土地柄です。

一方、「中通り」は県の中央部で、県庁所在地の福島市のある地域。この地域は、江戸時代には小藩と幕府領が分立し、藩主もよく入れ替わりました。そうした影響から、柔軟なタイプが多いといわれます。

そして、会津地方は、奥羽山脈の西に位置する豪雪地帯です。保科正之が1643年に入って以来、幕末までの225年間、同じ会津藩によって治められた土地です。その分、地域意識がひじょうに強く、いわゆる「会津っぽ」の名産地となりました。会津っぽは、頑固で強情、損得で動くのを嫌い、不言実行、目的に向かって邁進します。

そして、会津地方は、戊辰《ぼしん》戦争で甚大な被害を受けたこともあって、よそ者に対してオープンではない土地柄とされます。それを象徴するのが、「会津の三泣き」という言葉です。よその土地の者が会津に移り住むと、「最初は会津の人に溶け込めなくて泣き、住んでいるうちにその情の深さにほだされて泣き、最後には会津を離れることがつらくて泣く」というわけです。

茨城県の県民性　「茨城の三ぽい」「水戸の三ぽい」とは？

茨城県の県民性を表す言葉に「茨城の三ぽい」があります。「怒りっぽい」、「忘れっぽい」、「飽きっぽい」の３つの「ぽい」です。この語に象徴されるように、茨城県民は、怒りっぽくはありますが、すぐに忘れて、陽気で単純。人付き合いに計算がなく、口下手でお世辞が苦手。商売は下手で、儲けようという積極性や粘りに欠けている――といったあたりが、その県民性といえるでしょう。

また、茨城県民が、とかく「怒りっぽい」といわれるのは、その言葉のせいかもしれません。茨城の方言は、イントネーションが尻上がりで、おまけに早口でまくし立てるので、ケンカ腰のように聞こえるのです。加えて、敬語表現が乏しいので、どうしても言葉が乱暴になりがちです。そのため、普通に話しているだけで、慣れない人には「怒っている」ようにも聞こえるのでしょう。

「茨城の女性は、気が強い」といわれるのも、たぶんに言葉の影響があるといえそうです。それは、茨城の女性自身も気にしているようで、茨城は「地方なまりが恥ずかしい」と思っている人の割合が高い県です。

一方、茨城県の県庁所在地の水戸をめぐっては、「水戸の三ぽい」という言葉があります。その「三ぽい」は、茨城県の「怒りっぽい」に、「理屈っぽい」と「骨っぽい」が加わります。要するに、水戸っぽは、理屈っぽく、反骨精神が旺盛で、熱くなったら即行動に移すというわけです。

たしかに、歴史的事件をみても、水戸浪士たちが大老・井伊直弼を暗殺した桜田門外の変のほか、五・一五事件や二・二六事件といった事件に、水戸っぽは皆勤賞のようにからんでいます。そうした気質は、徳川御三家のひとつ、水戸藩によって生み出されたといわれます。水戸藩の二代目藩主・水戸光圀は『大日本史』の編纂を手がけ、そこから尊皇攘夷を中心思想とする「水戸学」が生まれました。その精神は、幕末の志士だけでなく、近代以降の水戸人にも受け継がれてきたのです。

栃木県の県民性　「特徴が少ない」とされるまで

西日本の人に、関東の都県をあげてもらうと、たいてい忘れられるのが栃木県です。同じ関東地方の人にも、「あとひとつ、どこだっけ？」といわれかねません。それほど、栃木県は存在感が薄く、特徴が少ない県です。

その県民性は、栃木県民自身に尋ねても、即答できる人は少ないでしょう。「特徴がなく、性格がはっきりしない」のが、栃木県の県民性といえるかもしれません。

その特色のなさは、江戸時代の小藩分立の影響といえます。徳川幕府は、江戸周辺に大きな力を持つ藩が現れないよう、藩を小さく分けて配置したのです。そのため、江戸時代の栃木地方は、小藩、幕領、寺社領に分かれ、地域としての一体性が育ちませんでした。そのため、はっきりした県民気質も生じなかったのです。

また、栃木県の存在感が薄い原因には、県民がなかなか団結できないこともあるようです。これも、小藩分立の影響で、同県人としての仲間意識が育ちにくいのです。小藩に分かれていたため、宇都宮や那須、日光といった地元への愛着は強いのですが、栃木県というくくりに対しては、愛着が薄いのです。

そういえば、かつて首相候補だった故渡辺美智雄氏（栃木県内選出の代議士）が、政界で事を起こそうとするたびに、県内の議員団が分裂。渡辺氏をかついで一致団結することがなかったので、渡辺氏もほとほと苦労したと伝わります。

ただ、栃木県民は、強大な権力におさえこまれることもなかったため、のんびりとした気質になりました。それには、自然環境も関係していそうです。栃木県は、台風や雪害、洪水などの災害が少ない地方です。そうした恵まれた自然環境が、目立たず、波風を立てないというおだやかな気質を生んだのかもしれません。

群馬県の県民性　なぜ、「かかあ天下」になったか

群馬県の県民性といえば、短気で熱しやすくさめやすいこと。そして、金銭に淡

白で、金離れがよいこと。そして「かかあ天下」であることでしょう。

同県の県民性をめぐって、必ず語られるのが、この「かかあ天下」です。この言葉、今は、「亭主が、かかあの尻に敷かれている」ことを意味しますが、本来の意味は違っていました。

もともとは、「うちのかかあは天下一」という意味で、女性がよく働くことを表した言葉でした。かつて養蚕業、織物業が盛んだった群馬地方では、とにかく女性がよく働いたからです。

もともと、上州（今の群馬県）は、平地が少なく、コメ作りにはあまり向いていない土地でした。一方、桑の葉の栽培には適していたため、養蚕や絹織物が盛んになり、その仕事を女性が中心になって担っていたのです。

そして、女房は養蚕・織物に精を出し、亭主はそれを売るため、江戸などに出かけます。亭主はたまに帰ってきたと思ったら、取引で手にした金を懐に賭場へ走ります。そんな暮らしぶりでは、亭主が女房に頭が上がるはずもありません。というわけで、上州の男たちは「うちのかかあは天下一」と自慢したのです。

しかし、よそ者にすれば、そんな女房自慢の話など、聞きたくもありません。そこで、やっかみ半分に「天下一」の「一」を省いて、「かかあ天下」とした言葉が広まったとみられます。

では、現代の群馬女性はどうかというと、今も、よく気のきく、世話好きタイプが多いようです。

埼玉県の県民性　「埼玉都民」にも、県民性はあるのか

埼玉県も、県民性がはっきりしない県のひとつです。その理由は、いくつかありますが、まずは栃木県と同様、江戸時代に小藩が分立していたことです。中核都市がなく、個性に乏しいのです。

明治時代に入ってからも、埼玉県には、中核になる都市ができませんでした。また、東京と近すぎるため、住民の転入出が多く、郷土意識が希薄になりました。とりわけ、高度成長期以降は、いわゆる「埼玉都民」が増え、帰属意識はますます薄まりました。実際、埼玉県は、47都道府県のなかで、「郷土愛が最も希薄な県」と

いう調査結果もあります。

そのなかで、郷土意識がまだしも強いのは、川越や秩父、飯能などの埼玉西部でしょう。ただ、その郷土意識も「川越」や「秩父」という地域に対する愛着であって、埼玉県全体に郷土意識を持っているわけではありません。

一方、埼玉のなかでも、郷土意識が希薄なのは、東京のベッドタウンとして発達した南東部です。埼玉都民が多く、職場は都内で、関心も東京に向いています。そういう人々にとって、埼玉県は「都内よりも、家賃が安いから住んでいる」だけの土地なのです。それでも、「埼玉都民」特有の傾向はあるようです。地縁から切れているため、古い習慣やしがらみを気にしないことです。そして、飽きっぽく、移り気ですが、その反面、流行に敏感で、新しいことによく挑戦することです。

千葉県の県民性　南と北で分かれる県民性の「境界線」

千葉県は、北部の下総《しもうさ》、中央部の上総《かずさ》、南部の安房《あわ》に分けられ、かつては人々の性格にも特徴があったといわれますが、現在では、さほど特徴的な気質は見当たりません。

まだしも、個性的なのは、かつての安房国、南房総一帯です。太平洋に面したエリアであり、大らかで楽天的な南国気質の人が多い地域です。この地域では、海の幸に恵まれ、古くから海女が潜り漁でアワビやサザエをとり、現金収入を稼いできました。そのため、総じて房州南部の女性は気が強く、また家庭内での女性の発言力が大きいといわれます。

また、安房という地名は、阿波（徳島県）に由来し、今も南房総に住む人々のルーツをたどると、徳島県に行き着くことが多くなります。その昔、黒潮に乗って、阿波から移住してきた人々が多く住んでいる地域なのです。

一方、千葉県の北部は、東京に近いため、おおむね「千葉都民」が暮らしています。

そのエリアに住む千葉都民には、新しもの好きで見栄っぱりという傾向があるといわれます。

東京都の都民性

東京に〝都民性〟はあるといえるのか

東京都の人口は、現在約１４００万人。日本全体の人口の約11％が、東京で暮らしている計算になります。ただ、東京は、転勤や入学・卒業などで、毎年、１００万人単位の人が入れ代わっています。それだけ、入れ代わりが激しいと、「都民性」もはっきりしなくなります。かつては、「気が短くてケンカ早く、宵越しの金を持たない」のが江戸っ子気質といわれましたが、今では、下町でさえ、そんな特徴がはっきりしなくなっています。

しいて特徴をあげれば、個人主義的なところでしょうか。他の人と深く関わることなく、暮らしていく。会社や学校、ご近所、さらに家族の結びつきまで薄くなり、互いに干渉することなく、各自が自由に生きていく。それが、現在の「都民性」といえるかもしれません。

では、かつて、江戸っ子が気が短く、ケンカ早かったのは、なぜでしょうか？

まず、江戸っ子が気短かだったのは、職人が多かったためという見方があります。大工や左官、そして細工職人らは、いつも納期に追われて、仕事をこなしていました。そのため、知らず知らずのうちに、気が短くなったというわけです。

その一方、「江戸っ子は、慢性的なカルシウム不足だったから」という説もあります。江戸（東京）の土壌は、関東ローム層が中心で、この層にはカルシウムがあまり含まれていません。すると、そこで育つ作物や流れる水が含んでいるカルシウム量は少なくなります。

ご承知のように、カルシウムが不足すると、イライラしたり、怒りっぽくなりやすくなります。江戸っ子は、そのカルシウム不足のため、短気でケンカ早いキャラクターになったとみられるのです。

神奈川県の県民性　横浜の人が「開放的」なのは？

現在の神奈川県は、旧国名の武蔵国と相模《さがみ》国からなる地域で、幕末までは「相模」のほうが栄えていました。小田原が城下町として栄えていたのに対し、今の横浜あたりは小さな漁村だったのです。両者の立場が逆転したのは、幕末の黒船来航以降のことです。

１８５９年、横浜港が開港すると、横浜には西欧の文化や文物が流れ込みました。横浜はいきなり西欧化の最前線に躍り出たのです。

その後、横浜は文明開化の中心地となり、開放的で新しもの好き、おしゃれでハイセンスという気質が育まれました。また、異文化やさまざまな価値観を受け入れる柔軟性に富んだ街になりました。

そのようにして出来上がった街なので、よそ者に対する閉鎖的な意識はなく、誰でも気さくに受け入れます。

ただし、都会的で合理的な分、個人主義的で、競争心や忍耐心は強くはないという傾向はあるようです。

《特集》

県民だけが知っている！〈北海道・東北・関東〉

◆北海道

□北海道民は、意外に寒さに弱い。家の中では、ガンガン暖房をたいて、薄着で過ごしているため。

□コタツの所有率が低い。コタツ程度では、北海道の冬の寒さをしのげないため。

□真冬はエアコンが使えないことがある。雪が積もり、室外機が機能しないため。もっぱら、ストーブに頼ることになる。

□真冬、凍らせたくないものは、冷蔵庫に入れておく。

□窓は「二重窓」が普通だと思っている。

□北海道仕様の車は、リモコンでエンジンをかけることができる。車に乗り込むまえに、リモコンで車内を暖めておくため。

□学校の冬休みが、夏休みと同じくらいに長い。

□学校では、スケートの授業が行われることが多く、その場合、校庭がスケートリンクになる。
□雪が降っても、傘をささない。
□節分の豆まきに、殻つきの「落花生」を使う。
□秋には「観楓会《かんぷうかい》」という会合が催されるが、楓を観る会というよりも、ただの飲み会。
□葬儀で、香典を渡すと、領収書をもらえることがある。
□どの家庭にも、おおむね「ジンギスカン鍋」がある。なお、ジンギスカンパーティのことは「ジンパ」と略す。
□北海道民は、ジンギスカンをホットプレートで焼くのは、邪道だと思っている。
□アメリカンドッグに、砂糖をまぶして食べる。
□炭酸飲料といえば、「ガラナ」。
□「なまら」は「とても」という意味だが、近年はあまり使われなくなっている。
□手袋を「はめる」ではなく、「はく」という。
□北海道弁で「こわい」というと、恐怖を覚えるという意味ではなく、「疲れた」という意味。

◆青森県

□県域全体、豪雪地帯のように思われがちだが、太平洋側では、雪はさほど降らない。

□お盆の墓参りで、花火をする。

□ねぶた（青森市）とねぷた（弘前市）は、違うものと認識されている。

□りんごの品種に詳しく、見分けられるし、食べ分けられる。

□ただ、りんご飴はポピュラーではない。

□朝からラーメンを食べる。

□給食で、せんべい汁が出る。

□驚いたときに「ろ！」という。

□「けろ」といえば、「ください」という意味。

□傘をさすことを「傘をかぶる」という。

□ただし、近年は、青森県民全員が津軽弁を話すわけではなく、津軽弁を理解できない青森県民も増えている。

◆岩手県

□県面積が北海道に次いで広いため、同じ県でも目的地に行くまでに時間がかかる。

□「宮沢賢治全集」のある家が多い。

□横断歩道を渡るとき、止まってくれた車にお辞儀をする習慣がある。

□わんこそばをあまり食べない。観光客向けの食べ物だと思っている。

□冷麺は、焼き肉店に食べに行く。焼き肉を食べずに、冷麺だけを食べることもある。

□節分の豆まきに、殻つきの落花生を使う。

□大半の岩手県民は「じぇじぇじぇ」を耳にしたことがない。

□「書けない」ことを「書かさんない」という。

□「髪をとかす」ことを「髪をけずる」という。

◆秋田県

□修学旅行中、「全員元気です」のような安否を知らせるCMが流れる。

□東北の県を順番にいうとき、「青森、岩手、秋田」の順ではなく、「青森、秋田、岩手」

の順にいう。
□葬儀の前に、火葬を行う。
□きりたんぽは県北部の食べ物で、県南部の人はほとんど食べない。
□とにかく酒豪が多く、宴会では、乾杯の前に「練習」といって飲みはじめる。
□納豆の一人当たり消費量が、茨城県以上。2020年の数字では、ベスト5は、トップが秋田で、以下、福島、青森、栃木、茨城の順。
□夏は、キュウリを入れた冷たい味噌汁を食べる。
□漬物のことを「がっこ」という。「いぶりがっこ」は、おもに秋田県南部に伝わる野菜を燻煙《くんえん》乾燥させてつくる漬物。
□カエルのことを「びっき」という。

◆山形県
□芋煮の季節には、コンビニにも、燃料用の薪が並ぶ。
□日本海側は降雪量が多く、大雪のときは2階から出入りする。
□スイカの漬物を食べる。スイカはウリ科であり、味は普通の漬物と変わらない。

□小学校で、スキーの授業がある。
□お客が家に来たときは、出前のラーメンをとる。
□ラーメンにゲソ天を入れる。
□電話で自分の名前を伝えるとき、「○○です」ではなく、「○○でした」という。
□ガソリンを「入れる」ことを「つめる」という。
□ジュースをこぼすことを「ジュースをまかす」という。
□最下位のことを「ゲッパ」という。

◆宮城県
□仙台市内は、ほとんど雪が積もらない。
□仙台人は、七夕は、全国的に8月の行事だと思っている。東北三大祭りの仙台七夕が8月に行われるため。
□授業がはじまるときには、「起立、注目、礼」と号令をかける。
□宮城県出身者のなかでも、とくに仙台出身者は「伊達政宗公」と尊称をつける。
□牛タンをあまり食べない。

□穴のあいた靴下を「おはよう靴下」と呼ぶ。
□運動着のことを「ジャージ」ではなく、「ジャス」という人が多い。
□「恥ずかしい」ことを「おしょしい」という。
□『うる星やつら』のラムちゃんのように、語尾に「だっちゃ」をつける。
□青あざのことを「くろじ」という。
□ホッチキスのことをジョイントという。

◆福島県
□体操服で学校に通う。
□冬場、体育の授業で、スキーを習うのを当たり前だと思っている。
□会津には、いまだに「長州者との結婚を認めない」という人がいる。
□福島県の形は、オーストラリアに似ていると思っている。
□冷し中華にマヨネーズをかける。
□パンの消費量が47都道府県中、最低クラス。なお、例年、最下位は、福島、青森、秋田で争うことが多い。

□冬は「いかにんじん」(するめいかとにんじんを細切りにして、甘辛いタレに漬けたおかず)を食べる。
□温泉卵のことを「ラジウム卵」という。
□「おなかいっぱい」のことを「はらくっち」という。
□「ジャガイモ」のことを「カンプラ」と呼ぶ。

◆茨城県
□「いばらぎ」といわれると、「いばらきです」と返す。
□自分のことを「なまっていない」と思っている。
□遠足といえば、筑波山。
□茨城独自の「県民体操」ができる。
□電車の中で飲み食いする人がいる。
□スーパーの棚には、10種類以上の納豆が並んでいる。
□納豆に砂糖をかけて食べる。
□ただし、すべての人が納豆好きというわけではない。

□50代以下の人は、語尾の「だっぺ」をほとんど使わない。
□「でたらめ」であることを「ごじゃっぺ」という。
□「大丈夫?」と聞くとき、「大事?」と尋ねる。
□定規のことを「線引き」と呼ぶ。
□青あざのことを「青なじみ」と呼ぶ。

◆栃木県

□高校はとにかく作新学院を受験する人が多い。作新学院は、ピークの1991年には、高校の3学年だけで約1万人の在校生がいた日本最大クラスのマンモス高校。
□「下野《しもつけ》カルタ」というご当地カルタがある。ただし、群馬県の「上毛カルタ」ほど、ポピュラーではない。
□茨城県の海のことを、栃木の海と思っている。
□ギョウザは、酢とラー油だけで、醤油は使わずに食べる人が多い。
□よく飲まれている「レモン牛乳」は、レモン味でもないし、レモン果汁も入っていない。

□郷土料理の「しもつかれ」をさほど食べない。
□お祭りでは「煮イカ」を食べる。
□かんぴょうは名産ではあるが、あまり食べない。
□焼きそばに、じゃがいもを入れる。
□鉛筆のことを「いんぴつ」と発音する。
□だらしない人のことを「でれすけ」と呼ぶ。
□後ろのことを「うら」という。

◆群馬県

□上毛三山（赤城山、榛名《はるな》山、妙義山）を見上げると、方角がわかる。
□群馬県のお正月は、箱根駅伝ではなく、群馬県で行われる「ニューイヤー駅伝」ではじまる。
□「上毛かるた」という独自の郷土かるたがあり、たいていの人が記憶している。県大会も開かれている。
□自転車通学している学生は、冬場、空っ風（向かい風の場合）のため、遅刻することがある。

□運動会では、赤城、榛名、妙義、白根と山の名前に分かれて戦う。
□教室の机の列を「一列目」「二列目」ではなく、「一の川」「二の川」と数える。
□「来ない」を「きない」という。
□「捨てる」ことを「ぶちゃる」という。

◆埼玉県

□夏場、気温を気にする。なお、暑いことで有名な熊谷市は埼玉県北部の市。
□川越、秩父などの県内の観光地に、行ったことがない人が多い。
□県内どうしの移動でも、一度東京に入ったほうが早く着くことがある。
□浦和駅、北浦和駅、南浦和駅など県内に「浦和」のつく駅が8つもあるため、しっかり伝えないと、間違えやすい。
□遊びに行くのは、池袋。
□高校受験前に「北辰テスト」という業者テストを受ける。
□カメムシのことを「ワクサ」と呼ぶ地域がある。「わ、臭!」という意。
□「蹴る」ことを「けっぽる」という。

◆千葉県

□小学校の出席番号が誕生日順（他県は50音順）。

□給食で味噌ピーナツが出る。

□「県民の日」は学校が休みになり、東京ディズニーランドに行く人が多い。

□東京ディズニーランドのほか、東京ドイツ村もある。

□住んでいるところを「チーバくん」（千葉県の形をしている犬のキャラクター）の体の部位で教え合う。

□「なのはな体操」という県民体操がある。

□千葉県の学校でも、机の並びを「一列目」「二列目」ではなく、「一の川」「二の川」と数える。

□落花生を茹でて食べる。

◆東京都

□「あるある」がないのが東京。

□雪が降ると、とにかく大騒ぎになる。最も騒ぐのは、テレビ局などのマスコミ。

□東京土産がないことに困る。
□運転免許を持っていない人が多い。
□東京で生まれ育つと、人混みで人とぶつからないテクニックや、人の流れに乗る技術がしぜんに身につく。

◆神奈川県

□「湘南」は、名乗ったもの勝ち。
□湘南在住でも、大半の人はサーフィンをしないし、サップにも乗らない。
□かつて、サザンオールスターズが「砂まじりの～」と歌った茅ヶ崎市だが、あれから40数年、今は防砂林が大きく生長して、昔ほど飛砂に悩まされることはない。
□横浜市の小学校では、横浜市歌をよく歌う。
□江戸っ子のように、「ひ」と「し」を区別して発音できない人がけっこういる。
□進学塾といえば、「ステップ」。
□神奈川県は、県名が漢字3文字なので、県名がずらりと並んでいるとき、探しやすい。鹿児島県、和歌山県も同様。
□「サンマーメン」のことを全国区と思っている。

◉コラム・東日本と西日本の壁❻

パンの消費量は、西高東低

家計調査によると、都道府県別で最もよくパンを食べるのは、京都の人たち。全国平均の1・4倍のパンを食べています。全体に、関西の人はパンをよく食べ、3位の岡山県をのぞくと、2位は兵庫県、4位は滋賀県、5位は大阪府と続きます。なぜ、関西の人はパンをよく食べるのか？　ここでは、2位の兵庫県、とりわけ神戸市を例にとって、その理由を紹介しましょう。

神戸でパンが定着したのは、この地が古くから外国との交流が盛んだったからでしょう。たとえば、開港から1年後の1869年には、すでに約500人の外国人が在留し、当時の居留地には、イギリス人とフランス人がパン店をオープンしていました。

そして大正時代の関東大震災後、横浜や東京から、多くの外国人が神戸に移り住みました。それにつれて、腕のいいパン職人が神戸へ集まるようになりました。今も、神戸には、自店でパンを焼き、販売するパン店が多く、大手のパンメーカーが売れ行きを伸ばしにくい地域といわれます。

そうした神戸で、パン作りを修業した職人らが京都や大阪にも店舗を構え、関西全体でおいしいパンが焼かれるようになったのです。

2

中部・近畿

山梨県の県民性　「関東のなかの東北人」といわれるワケ

山梨県は、県域が山に囲まれ、平野部は少なく、甲府などの都市は、盆地に位置しています。盆地は朝夕、冷え込みやすいうえ、そもそも内陸性気候なので、寒暖の差が大きい土地です。要するに、夏暑く、冬は寒さが厳しい地域です。

また、土壌は火山灰土で、肥沃ではありません。農業生産性は低く、コツコツ努力し、また工夫しなければ、収穫はあがりません。

そうして、山梨県では、関東地方には珍しい、辛抱強く、勤勉な、東北的な気質が育まれました。

その一方、やはり東北人のような閉鎖的な面もあります。その分、県民同士の結びつきは強固です。

山梨県には、そうした気質を表す「めちゃかもん」という言葉があります。この言葉は、負けず嫌いで、執念深く、お金に細かいなどという意味を含んでいます。山梨県の風土を考えると、そうなったのも、しかたがないことかもしれません。厳しい自然環境の中で、生き抜くためには、どうしても執念深く、またお金に細かくならざるをえなかったのです。

そのほか、山梨県の気質といえば、したたかで我慢強く、利にさとく、アイデアや企画力に富んでいる——といったところでしょう。

そうした特徴があるので、山梨県は、商売上手で有名な甲州商人を輩出できたといえるでしょう。甲府人には実業家として成功した人が多く、とりわけ明治期には、東京で、電気、ガス、バスや地下鉄といった近代的な事業を起こした人の多くは、山梨県人でした。

静岡県の県民性

静岡県人はなぜ自分の県が好きか

静岡県は、気候は温暖、農産物にも海の幸にも恵まれた暮らしやすい土地です。実際、沿岸部は、黒潮の影響で、年間の平均気温は16度以上と暖かく、冬でも雪が降ることはめったになく、ポカポカと暖かい日が続きます。また、温暖な気候のおかげで、農産物もよくとれます。加えて、静岡の人々は、毎日、日本一の富士山を見て育ちます。

そんな静岡県に生まれ育った人には、明るくおおらか、素直な人が多いといわれます。豊かな土地で、あくせくと働く必要もなく、のんびりとした性格が育まれたのです。

ただし、静岡県は東西に長い県なので、地域によって、気質に多少の違いがあるといわれます。

昔から、静岡県は、駿河（静岡・清水）、遠江（浜松・磐田）、伊豆（熱海・三島）というつのエリアでは、気風が異なるといわれてきたのです。

まず、静岡・清水を中心とする県中央部の駿河は、土地が肥えているうえ、江戸時代には徳川家康が暮らした土地として、何かと幕府の庇護を受けていました。そこで、静岡県のなかでも、温厚で楽天的な人が多くなりました。

それに対して、県西部の遠江（遠州）は、山地が多い土地柄。そこで、距離の近い名古屋との関係を強め、商売が発達しました。商売するには、細かく動き、ときには人を出し抜くことも必要です。そこで、駿河人のおっとりした気質に比べると、遠州人は小器用に動き回ると評されることになりました。そうして、つちかったバイタリティによって、この地からは、ホンダやヤマハ、スズキなどの世界的な企業が生まれました。

一方、太平洋に突き出した半島部の伊豆地方の人々は、駿河よりもさらにのんびりして、大らかです。

ただし、静岡県きっての観光地でもあるため、近年は、商売っ気のある人が増え、昔とは気質が変わってきているという話もあります。

愛知県の県民性「名古屋の貯め倒れ」って何？

愛知県は、「名古屋の貯め倒れ」という言葉があるくらい、倹約家が多い土地柄。無駄づかいを嫌い、借金を避け、貯金します。

そうなったのは、江戸時代、尾張藩が倹約を奨励したことの名残りといわれます。あるいは、御三家が治めていた愛知県は、明治維新後、明治政府から冷遇されました。その仕打ちに耐えるためにも、倹約を美徳とする気風が広まったといわれます。

愛知県のそうした気風は、いわゆる「名古屋メシ」にも表れています。名物のきしめんは、うどんを平たくしたようなものですが、そうすると、短時間で茹であがり、燃料の節約になるからだとか。

愛知県でチクワがよく食べられるのも、倹約精神の表れという説があります。愛知県周辺の海では、イシモチ、ハモ、エソなど、練り製品の原料となる魚がよくとれます。それをムダにすることなく利用するため、チクワなどの生産が盛んになったのです。さらに、練り製品は、生魚に比べると、比較的値段が安いため、愛知県ではよく売れるというわけです。

さらには、愛知県民が「市販のカゼ薬をよく飲む」のも、倹約精神の表れだといわれます。カゼくらいで、「医者へ行くのは、お金と時間のムダ」と思うため、市販のカゼ薬を買ってすませるというわけです。

たしかに、医院や病院に行っても、診察時間はわずかで、薬をもらって帰るだけ。倹約家で合理的な愛知県民は、そんなことに価値を見いださないのです。市販の薬で治るなら、そのほうがよほど合理的と考えるのかもしれません。

岐阜県の県民性　その結束のかたさはどこからくる?

岐阜県の県民性は、勤勉実直で、地味で目立とうとせず、伝統を重んじて変化を好まないというあたり。全体に保守的な土地柄です。

ただし、岐阜県は、平野部の美濃と山国の飛騨からなる県であり、美濃と飛騨では気質が違うといわれます。

まず、美濃は、木曽川、長良川、揖斐《いび》川の三川が流れ、その下流には肥沃な濃尾平野が広がっています。ただ、そこは、かつては日本有数の水害地帯でもありました。昔から、三川が氾濫しては人々を苦しめてきたのです。

そこで、三川の中下流域では、村落を丸ごと堤防で囲むという対策がとられ、その囲いのなかがいわゆる「輪中《わじゅう》」です。輪中は周囲と仕切られているため、同じ輪中内の人同士の結びつきは強いが、他の地域には無関心という気風が生まれました。やがて、同じ輪中の者ばかりを信用し、よそ者を信用しない傾向が強まりました。そうした排他的な傾向を岐阜では「輪中根性」と呼びました。

一方、北の飛騨は、槍ヶ岳、穂高岳、乗鞍岳など、北アルプスの山々に囲まれた土地であり、やはり排他的な気質が生じました。その一方、仲間同士の結束は強く、それを代表するのが「結《ゆい》」というシステムです。たとえば、白川村の合掌造りの茅葺き屋根を葺き替えるには、多くの人員が必要ですが、その手間のかかる作業を「結」の仲間たちで行ってきたのです。

なお、岐阜県民も、愛知県民と並んで、財布の紐がかたいといわれます。地理的に愛知の隣であり、尾張商人を相手に商売をしてきたのですから、生半可な金銭感覚では太刀打ちできなかったのでしょう。今も、新車より中古車がよく売れる土地柄です。

長野県の県民性　盆地ごとにキャラクターが違う!?

江戸時代、今の長野県には、11もの藩がありました。松代藩、飯山藩、岩村田《いわむらだ》藩、須坂藩、田野口藩、上田藩、小諸藩、松本藩、高島藩、高遠藩、飯田藩の11藩で、伊那は幕府領でした。

そもそも、長野県は、面積が全都道府県中、4番目に広いうえ、高い山によって地域が分断されているため、盆地ごとに気質が違うといわれます。文化や産業も違うため、長野県は「信州合衆国」とも呼ばれます。

気質の違いを表す「松本のスズメ、諏訪のトンビ、上田のカラス」という言葉もあります。その意味は、「スズメ（松本人）はうるさく論争するが、トンビ（諏訪人）はチャンスを狙い、利にさとい。カラス（上田人）には、状況をみて判断する賢さ・ずるさがある」というあたりです。

その長野県は、大きく4つの地域に分けられます。長野市を中心とする「北信」、上田や佐久の「東信」、松本を中心とする「中信」、飯田や伊那の「南信」の4地域です。

そのうち、長野市と松本市は、ライバル意識がひじょうに強く、その対立には長い歴史的背景があります。まず明治4年の廃藩置県の際、今の長野県は、現在の長野市を中心とする「長野県」と、松本市を中心とする「筑摩県」に分けられました。その後、2県が統合されたことが、対立の発端でした。

県庁をどこに置くかで対立し、いったん筑摩県側に完成した県庁舎が焼き討ちにあって全焼してしまったのです。結局、なし崩し的に長野市に県庁が置かれ、県名も「長野県」になります。その怨みを松本の人々は、今も忘れていないといわれます。

他の地域も、多かれ少なかれ、長野市の名がつく「長野県」という呼称には違和感があるようで、多くの県民は自分たちのことを「長野県人」ではなく、「信州人」

だと自覚しているようです。国立大学も「長野大学」ではなく、「信州大学」と名づけられ、県歌の題名は『信濃の国』です。長野市エリア以外の信州人には、「長野は北信のローカルな地名にすぎない」という意識があるのです。

新潟県の県民性 なぜ「勤勉」「堅実」な土地柄に？

新潟県は、日本有数の豪雪地帯。1年のうち5か月近くは雪に閉ざされる地域が多い土地です。そういう風土に、日本有数の米どころを築くなか、粘り強く、堅実、勤勉な県民性が生まれました。

そうした越後の人たちは、昔から、江戸・東京を中心に出稼ぎに出てきました。「頼まれれば、江戸まで餅つきに」という言葉があったほどです。

出稼ぎに行くうち、東京に住み着く新潟県出身者も少なくなく、とりわけ、かつての東京では、銭湯と豆腐屋に従事する人が多かったといわれます。昭和40年代までは、東京の銭湯の40％は新潟県の出身者が経営し、豆腐屋にいたってはその60％

が新潟県出身者によって営まれていました。

銭湯・豆腐屋とも、日々の肉体労働を伴う仕事ですが、ともに当時は庶民の暮らしに欠かせない施設・店舗であり、日銭が入ってくる手堅い商売だったのです。勤勉で堅実な新潟県人には、ぴったりの仕事でした。

石川県の県民性　加賀と能登のキャラクターの違い

石川県のなかでも、金沢市で暮らす人々は、北陸のなかでは、都会的で、プライドが高いといわれます。そうした気質を生んだ背景に、加賀百万石の経済力があったことはいうまでもないでしょう。

江戸時代、加賀前田藩は最大の大大名であり、人々はその経済力を背景に、豊かに暮らしてきました。そして、おっとりとして上品、控えめで争いごとを嫌うキャラクターを身につけたのです。

また、金沢市は「小京都」のひとつに数えられますが、本家の京都人と同様に

「何を考えているか、よくわからない」といわれます。また、本家の京都に負けず劣らず、排他的な雰囲気もあって、「遠所者《えんじょもん》」（よそ者）に冷たい土地柄です。

そして、江戸時代、加賀藩は、徳川幕府に警戒されたため、いわゆる「加賀の狸寝入り」を決め込みました。敵意と武力をつかう気持ちのないことを示すため、文化・文芸に力をそそいだのです。その結果として生まれたのが、九谷焼、漆工芸、加賀蒔絵《まきえ》などの伝統工芸品です。そうした文化を生んだ空気は、今の金沢市民にも受け継がれています。

とはいえ、金沢ばかりが石川県というわけではありません。石川県は旧国名でいうと、加賀と能登からなる国であり、能登地方は平野と晴天日数が少ない土地柄です。その分、能登地方の人々は、加賀の人よりも、粘り強く、勤勉といわれます。

富山県の県民性　外から見えない北陸他県との関係

富山県の県民性の特徴を一言で表すと、「真面目によく働く」ことでしょう。近くの新潟県民も働き者で有名ですが、富山県人の勤勉ぶりは、新潟県人が「富山の人は、本当によく働く」と感心するほどです。

江戸時代、今の富山県には加賀百万石の支藩が置かれ、加賀藩の搾取に耐えていました。そのため、富山の人々は、生活苦に耐えながら、黙々と働かなければならなかったのです。おおむね、収穫した米の半分は、加賀藩に持っていかれていたとみられています。

富山の人々は、「雑穀を食べるように」、「着物は麻か木綿しか着てはダメ」、「お茶や酒は飲まないように」などといった厳しい制約を受けながら、過酷な労働に耐えてきました。

富山県民の勤勉さは、そうした苦しい状況のなかで培われたといわれます。また、富山には、そうした仕打ちをした石川（金沢）への恨みが今も残り、富山県民には石川県を嫌う人が少なくありません。

その富山といえば、「越中富山の置き薬」を思い浮かべる人も多いでしょう。一軒一軒の家を回って、薬を置かせてもらい、数か月後、再訪して使った分の代金を回収するという販売方式です。

今も、約一万人の人が全国を回っているとみられますが、これは相当にマメで勤勉でなければ、できない商法です。そのため、富山県人でなければ、できない仕事といわれています。そうして、稼いだお金を富山県民は、コツコツと貯金します。富山県は、全国でも貯蓄率が高い県なのです。

富山は、強大な加賀藩に支配されていたため、明日はどうなるかわかりませんでした。そこで、いざというときに備え、貯えておくという習慣が身についたのです。

そして、富山県民は、貯めたお金を「自宅」につぎ込みます。かつて富山では、「白壁の土蔵を建てるのが夢」といわれましたが、その気持ちは今も「持ち家志向」となって受け継がれているようです。富山県は、持ち家比率も、一人当たりの延べ床面積も全国トップクラスの県です。

福井県の県民性　昔から「働きづめ」だった!?

福井県民も、富山県民と同様、忍耐強く、勤勉に働きます。福井県民がよく働くのは、歴史を振り返っても、「働きづめ」だったからといえそうです。

まず、戦国時代、戦火に巻き込まれることが多く、民家がしょっちゅう焼き払われました。当時の民衆は、家を建て直すため、せっせと働かなければならなかったのです。

そして江戸時代は、財政の苦しい小藩が多く、やはり民衆はコツコツと働くしかありませんでした。

明治時代になると、家内制の繊維工業が盛んになりましたが、これも家族総出で働く必要のある仕事でした。

また、どちらかといえば、女性中心の仕事だったため、とりわけ福井県では女性がよく働くようになりました。昔は「越前女は働き者」といわれましたが、その傾向は今も受け継がれています。福井県は女性の就労人口比率がひじょうに高い県なのです。

そして、福井県民は、富山県民と同様に、コツコツと貯金し、家にはお金をかけます。

その家の建て方にもこだわりがあって、仏壇を置く仏間を欠かしません。福井県は浄土真宗の本拠地のひとつであり、今も信心深い人が多い土地なのです。仏壇つきの家まで売られているほどです。

京都府の府民性　イエス、ノーをはっきりいわないのは？

京都人は、イエス、ノーをはっきりいいません。そうした気質は、やはり長らく「都《みやこ》」だったことから生まれたものでしょう。

京都の人々は、約１０００年もの間、権力の興亡を目《ま》のあたりにしてきました。権勢を誇った人が、ある日突然、失脚する。そんな興亡を間近に見るなか、京都の人々は、一方の人や組織に加担することを自重するようになったのです。

下手に加担すれば、その権力者と運命をともにしなければならなくなるからです。いつ権力交代が起きるかわからないのに、自分の立場をはっきりさせてしまうのは危険です。そこで、どちらともとれるものの言い方を「護身術」として身につけたのです。

また、京都人は、とかく「よそ者に冷たい」といわれます。これも、京都の歴史の長さゆえのことでしょう。

京都には、古くから住み続けている人が多く、親の代から住んでいる程度では、京都人として扱われません。10代くらい住んで、ようやく京都人といわれる土地柄です。

そうして、京都は、いっけんにこやかなようでいて、閉鎖性の高い町になりました。たとえば、かつて、京都の料亭やお茶屋の多くは、「一見さんお断り」でした。今も、以前よりは数は少なくなったとはいえ、紹介なしでは断られる店が数多く残っています。

そうした高級店に限らず、京都人には、見知らぬ人、とくに他県から来る人に冷たい態度をとる人が少なくありません。最初は気安そうなそぶりを見せていても、相手が少しでも馴れ馴れしい態度をとると、ピシャリと心の扉を閉ざしてしまうのです。

むろん、その背景には、「都人《みやこびと》」としてのプライドの高さがあるといっていいでしょう。

大阪府の府民性　大阪人の買い物は長くなりがち!?

大阪府民の府民性といえば、まずは、明るく、人なつっこく、ユーモアがあるところでしょう。一方、悪い方向では、うるさく、厚かましく、せっかちで、買い物のさい、金銭感覚がシビアといったあたりでしょう。よくも悪くも個性的なのですが、ここではその買い物ぶりについて、お話ししましょう。

大阪の人たちは、一般の人でも、話術にすぐれていますが、大阪人はその「話芸」を活用して、「値切り」はじめます。まずは、店員の洋服や髪型に対して、「あんた、センスいいわぁ」と持ち上げ、会話が盛り上がったところで、「この端数の800円、キリ悪いなァ」などといって、値切りはじめます。

「話芸」を駆使して値切るのですから、おのずと買い物時間は長くなります。一般に、大都市ほど、品ぞろえが豊富な分、買い物時間は長くなる傾向にありますが、なかでも大阪は買い物に費やす時間が多い街です。

滋賀県の県民性

琵琶湖の東西南北で、県民性はどう違う？

滋賀県は、県の四周を山に囲まれ、中央には琵琶湖が水をたたえている県。市街地の多くは琵琶湖岸に発達し、県民の多くは湖岸に集められるようにして暮らしています。

その滋賀県民の気質は、琵琶湖の東西南北で、４つに分かれるといわれます。

まず、「湖南」（大津、草津、守山など）は、近江商人を生み出してきたエリア。商魂と反骨精神が旺盛な土地柄です。ただ、京都に近いため、近年はベッドタウン化が進んで新住民が増え、かつての近江商人的な粘り強いキャラクターは薄まったといわれます。

それに比べると、「湖東」（彦根、米原、長浜など）は、住民の転入出がまだしも少ないので、近江商人的な気質を色濃く残しています。今も、倹約、質素、努力が美徳とされる土地柄です。

ただ、このエリアは、岐阜県の大垣市に近いため、関西圏でありながら、中京地方の影響を受けています。たとえば、定期購読する新聞も、大津市などの湖南地域では『京都新聞』をとる人が多いのですが、湖東地域では『中日新聞』を読む家庭が多くなります。

一方、琵琶湖の北側の「湖北」と、琵琶湖の西側の「湖西」は、湖岸近くまで山が迫り、平地が乏しい地域です。その狭く細長い平地に、人間関係の濃厚な農村地帯が築かれ、純朴な人柄の人が多くなりました。

とはいえ、滋賀県全体に共通する傾向もあって、正直、倹約、堅実、勤勉、そして進取の気性に富む人が多い土地柄といえるでしょう。そのように、滋賀県は、近江商人の気質が県民性のベースになった県ともいえます。

奈良県の県民性　奈良の人がのんびりしているワケ

奈良県の人々は、性格はおおらかでおっとり、なにごともスローテンポで、言葉もゆっくりしています。そこで、「京都の着倒れ」、「大阪の食い倒れ」に対して、「奈良の寝倒れ」といわれてきました。それくらい、奈良県民はのんびり暮らしてきたのです。

また、奈良には「奈良の二つ返事」という言葉もあります。奈良県人は、人から何かいわれたとき、「はいはい」と返事はしても、行動は起こさないという意味です。

奈良は、気候は温暖、台風もめったにやってきません。そこそこ働けば、まずまずの暮らしが成り立ち、いよいよお金がなくなったときには、大阪や京都へ出稼ぎに行けば、現金収入を得られます。食べることに困ることはないので、たっぷり眠っていてもOKなのです。

そこで、京都や大阪では、古くは「養子をもらうなら、奈良から」といわれました。奈良の男性なら、文句もいわずに、養家の家風に順応して、素直に家を継いでくれるという意味です。

そうした奈良県民は、関西のなかでは商売下手といわれ、その仕事ぶりは「大仏商法」と呼ばれます。

奈良には、東大寺の大仏をはじめ、国宝級の仏像、建造物が多数あるため、全国から見物客がやってきます。

放っておいても、観光客がやってくるのですから、客寄せの工夫をする必要もありません。そこで、奈良の商人は、頭を使った商売をしないというのが、「大仏商法」の意味です。

もっとも、近年の奈良は、大阪のベッドタウン化が進み、「奈良府民」と呼ばれる新住民が増えています。その分、のんびりした県民意識も変わりつつあるといわれます。

兵庫県の県民性　5つの県民性がある県

兵庫県は、旧国名でいうと、摂津、播磨《はりま》、但馬《たじま》、丹波、淡路の5つの地域で構成される県です。

瀬戸内海に面したエリアから、山間部、日本海側、さらには淡路島を含むバラエティに富んだ県です。その分、気質も、地域ごとに違いがあります。

まず、神戸市を中心とする摂津は、もともと港町が多いエリアで、気質は明るくオープンで、好奇心旺盛な土地柄です。

次いで、姫路市や加古川市を中心とする播磨は、多少気性が荒い面もありますが、明るくオープンであることに変わりはありません。

一方、同じ海でも、日本海側の但馬は、自然条件が厳しいこともあって、粘り強く控えめな気質です。

山間地の丹波には、農村地帯が広がり、丹波の黒豆などの産地。関西人にしては、おとなしめな性格の人が多いといわれます。

そして、淡路島は、のんびりしていて大らか。ただし、島であるだけに、多少、閉鎖的なところはあります。

といったように、この県の気質は「兵庫県人」と一くくりにするのではなく、摂津人、播磨人、但馬人のように、旧国名ごとにくくったほうが、実態に即しているようです。

和歌山県の県民性　徳川吉宗の精神が息づく

和歌山県全体に共通する気質は、おおらかで、情にほだされやすく、人の世話をするのが大好きといったあたり。ただし、大阪寄りの「紀北」と、太平洋側の「紀南」では、その気質は微妙に違います。

まず、紀北は、大阪に近く、大阪へ通勤・通学している人が多い地域。遊びに行くのも大阪へ、という人が多いエリアです。

その分、大阪の影響を濃厚に受けて、考え方は合理的、金銭感覚はシビアで、バイタリティにあふれたキャラクターということができます。

一方、紀南は、海岸線近くまで山が迫った場所が多く、農業よりも、海とのつきあいが深かったエリアです。黒潮目指して船を繰り出す漁業の拠点だった町が多く、豪快で冒険的な気質が特徴です。

その一方、おおらかすぎて、時間にルーズな面があり、「和歌山時間」という言葉もあります。おおむね、和歌山県で待ち合わせの時間に遅れてくるのは、紀南の出身者だといわれます。

そうした和歌山県民には、まじめな倹約家という面もあります。この土地に倹約精神を根づかせたのは、御三家の紀伊徳川家でした。後に将軍となる徳川吉宗らが財政を立て直すため、庶民にも「貯蓄献金」を奨励、その精神が受け継がれてきたのです。

三重県の県民性　そもそも、三重県人は関西人？

三重県には、古来、お伊勢参りの客が全国から集まってきました。三重の人々は、さまざまな地方の人々と接するうち、開放的で人当たりのいい人柄と、いろいろな価値観を受け入れる柔軟性を身につけたといわれます。

また、三重県は、気候が温暖で、海の幸にも恵まれ、あくせく働かなくても、食べていける土地です。そのため、おだやかで、のんびりとした気質になったともいわれます。

その一方、三重県は、商売上手で有名な伊勢商人を生んだ土地です。たとえば、現在の三井グループは、伊勢出身の三井高利が創業した越後屋呉服店がルーツ。越後屋は江戸進出後、新しいアイデア商法を次々と生み出し、繁盛しました。

その三重県民をめぐる疑問は、「三重人は関西人といえるのか？」という点です。社会科の教科書では「三重県は近畿地方」とされているものの、現実はそう簡単に割り切れません。三重県は、東西にも南北にも長い県であり、地域によって、大阪や京都と縁の深い地域と、名古屋に近い地域に分かれるからです。

まず、大阪や滋賀に近い伊賀や名張の人には、「自分たちは関西人」と思っている人が多く、プロ野球も、阪神タイガースのファンの多い土地です。

一方、四日市や津、松阪《まつさか》といった愛知県寄りの地域は、名古屋圏といっていいでしょう。名古屋に通勤・通学する人が多く、プロ野球も中日ドラゴンズファンの割合が高くなります。

というわけで、県民性も、県の東西で、「大阪的」だったり、「名古屋的」だったりするのが、三重県というわけです。

《特集》

県民だけが知っている！〈中部・近畿〉

◆山梨県

□富士山の位置で、南の方角がわかる。
□富士山は「山梨県側から見たほうがキレイ」と信じて疑わない。
□武田信玄のことを「信玄公」と呼ぶ。
□運動会の騎馬戦は、武田軍と上杉軍に分かれて戦う。
□国内のミネラルウォーターの30％以上は、山梨県で採取されている。
□「無尽」を口実にして飲みまくる。
□桃は、熟す前の固いうちに食べる。
□マグロをよく食べる。距離的に静岡県と近いこともあって、海なし県なのに値段が安い。
□赤飯はピンク色。小豆の代わりに甘納豆を入れ、食紅で色をつけるため。

□「くすぐったい」ことを「ももっちい」という。
□山梨県民が「うっちゃった」といっても、「売った」わけではない。「捨てちゃった」という意味。
□背中を掻いてもらいたいとき、「背中をかじって」という。

◆静岡県
□富士山の位置で、北の方角を知る。
□「海に行こう」といって、浜名湖に行くことがある。
□黒いはんぺんがある。
□小学校で、ミカンジュースが配られる。
□小学校でお茶の入れ方を習う。
□慶事や弔事のとき、お茶で炊いた「お茶ご飯」を食べることがある。
□お好み焼きの具に、タクワンを入れる。「遠州焼き」と呼ばれている。
□「急いでいく」ことを「飛んでいく」という。
□「捻挫する」ことを「足がぐれる」という。

◆愛知県

□名古屋駅のことを「めいえき(名駅)」と呼ぶ。なお、「名駅」の待ち合わせ場所といえば、「金時計前」。

□トヨタの車がひじょうに多い。

□県魚は、クルマエビ。

□何にでも味噌をつける。コンビニのおでんにも、無料で味噌がついてくる。

□休み時間のことを「放課」と呼ぶ。

□「久しぶり」のことを「やっとかめ」という。

□「ご飯をよそう」ことを「ご飯をつける」という。

◆岐阜県

□山の上にそびえる岐阜城を見て、方角を確認する。

□岐阜の「阜」の字をすらすら書けるかどうかで、岐阜県人かどうかわかる。

□岐阜県を横断する156号線を「イチコロ」と呼ぶ。川沿いの道路で、落ちるとイチコロのため。
□鵜飼を生で見たことがある県民は意外に少ない。
□盆踊りで、『ダンシングヒーロー』が流れる。
□キャンプとバーベキューが大好き。バーベキューセットのある家庭が多い。
□名古屋と同様、喫茶店のモーニングに、いろいろなおまけがついてくる。
□おでんは、味噌味の食べ物だと思っている。
□自転車のことを「ケッタ」と呼ぶ。

◆長野県
□ほとんどの人が県歌の『信濃の国』を歌える。
□北アルプスを見て、方角を知る。
□出身地を伝えるとき、「長野です」というのは北信の人。中信、南信の人は「信州」という。
□日本国民のほとんどは、スキーやスケートができると思っている。
□宴会や結婚式は、万歳三唱で締めくくる。

□りんごに詳しく、りんごを見ただけで、品種名がいえる。
□おやつ代わりに野沢菜を食べる。
□大きな樽を常備している家庭が多い。野沢菜をつけるため。
□お茶の時間に、漬物が出る。
□虫を食べる食文化がある。
□「走る」ことを「とぶ」という。
□「洗濯物を取り入れる」ことを「洗濯物をよせる」という。

◆新潟県

□大雪が降るのは山間地で、新潟市などの海沿いは、さほど降らない。
□そのため、スキーをしたことがないという新潟県民は意外に多い。
□「東北地方」と思われるのをひじょうに嫌がる。
□兼業農家の人は、田植えや稲刈りが、会社を休む理由になる。
□大晦日の夜に、寿司や刺し身を食べる。
□夏場、旬の枝豆を大量に食べる。

□「アイスのもも太郎」のことを全国区の商品と思っている。
□お腹いっぱいのことを「腹くっちゃい」という。
□自動車学校のことを「車学」と呼ぶ。
□上杉謙信のことを「謙信公」と尊称をつけて呼ぶ。

◆石川県
□日本地図を書くとき、能登半島を大きめに書く。
□お正月の鏡餅は紅白(上が紅で、下が白)。
□雪がよく降るため、傘と長靴は必需品。
□出身地を聞かれると、「金沢」と答えがち。
□冬でもアイスをよく食べる。石川県民はアイスクリーム・シャーベット類の消費量が全国1位。5月9日はアイスの日で、デパート前などで、アイスが無料で配られる。
□冷や奴に、ショウガではなく、カラシをつける。
□「はよしね」は「早くしなさい」という意味。

□「縞々にしたら」を「しましまにしまっしま〜」という。
□「アホ」のことを「だら」という。
□コップいっぱいにはいった状態を「つるつるいっぱい」という。
□「きのどくな」といえば、「ありがとう」という意味。

◆富山県

□小学校6年のとき、立山に登る。
□男の子が生まれたら、菅原道真の肖像の入った掛け軸や置物をお祝いに贈る。
□富山の県立高校には、ほとんど修学旅行がない。
□富山で「セフレ」といえば、セーフティフレッシュというスーパーマーケットの略。
□昆布パン、昆布餅と、とにかく昆布をよく食べる。
□カマボコは、板についていないものが普通。
□夏は、味噌汁の具にきゅうりを使う。
□鉛筆の先を尖らせることを「ツクツクにする」という。
□「今日だいてやっちゃ」は、「今日は、私がお金をだしてあげる」という意味。

□「横に移動する」ことを「ずる」という。
□「雪掻き」のことを「雪すかし」という。

◆福井県

□夫婦共働きが当たり前。
□越前ガニ（オスで値段が高い）よりも、セイコガニ（メスで値段が安い）をよく食べる。
□素手でカニをさばくことができる。
□冬場、こたつに入りながら、水羊羹を食べる。夏場は、店頭であまり見かけない水羊羹が、冬になると大量に並ぶ。
□カツ丼といえば、ソースカツ丼のこと。
□「ほやほや」というあいづちは、「そうそう」という肯定の意味。
□石川県同様、「はよしね」は「早くしなさい」という意味。
□「正座」のことを「おちょきん」という。
□テレビが「砂嵐」状態になることを「ジャミジャミ」という。

◆京都府
□京都の観光地にさほど詳しくない。
□コンビニやマクドナルドの看板の色が違うことがある。景観を損ねないため。
□友人や知り合いに、お寺や神社の子供が多い。
□時代劇のロケ地が、だいたい見当がつく。
□宇治市には、お茶の出る蛇口のある小学校がある。
□京都市内では、山が見えない方角が南。東、北、西は山に囲まれている。
□「おいでやす」「おおきに」「どすえ」を使う人は、ほとんどいない。
□お豆さん、お芋さんなど、食べ物に敬称をつけがち。
□「上《あが》ル」といえば、北(内裏のある方角)へ行くこと。
□「突き当たり」のことを「どんつき」という。

◆大阪府
□たこ焼き器のある家庭が多い。しかし、ホットケーキの素材を流し込むなど、たこ焼き作り以外に使うこともある。
□土曜日の昼は、吉本新喜劇を見る。
□「自分」を「私」の意味にも「あなた」の意味にも使う。
□「モータープール」は、駐車場のこと。
□「いんじゃん」は、「じゃんけん」のこと。

◆滋賀県
□京都の人と口論になったときに、「琵琶湖の水を止めたろか」という。ただし、京都に流れる琵琶湖の水は、京都側で管理しているので、滋賀側が止めることはできない。
□琵琶湖のことを「海」と呼ぶ。
□車の免許を取ったら、琵琶湖一周ドライブに出かける。
□琵琶湖でレジャーを楽しむときは、湖の北側に行く。南側は水が汚いため。
□名物の鮒ずしは苦手という人が多い。
□玄関に、信楽焼の狸を置いている家が多い。

□「飛び出し坊や」看板の設置数が日本一。
□セブンイレブンのことを「セブイレ」と略す。

◆奈良県
□小高い山や丘は、古墳であることが多い。
□道路は、歩行者よりも、シカ優先。
□シカのいる奈良公園の面積は、ディズニーランドの10倍。
□地面を掘ると、遺跡が出てくるので、工事に時間がかかる。
□お雑煮の餅を取り出し、きな粉をつけて食べる。
□「車が渋滞している」ことを「車がつんでる」という。

◆兵庫県
□神戸では、北側を「山側(やまっかわ)」、南側を「海側(うみっかわ)」と呼ぶ。
□「甲子園球場は大阪にある」と思っている人に出会うと、ムカっとくる。
□「日直」のことを「日番」という。

□「粗大ゴミ」のことを「あらごみ」と呼ぶ。
□「何しとう(何してる)」と、語尾が「とう」になる。
□メロンパンのことを「サンライズ」という。

◆和歌山県

□パンダがそう珍しくはない。
□遠足で、世界遺産の熊野古道を歩く。
□真っ白な砂で有名な白良浜《しららはま》は、流出が激しく、オーストラリアから砂を輸入している。
□和歌山ラーメンは、県内では「中華そば」と呼ばれている。
□みかんは、有田むき(割ってむく方法)でむく。
□何にでもケチャップをかけるので、一人当たりの消費量は日本一。なお、2位以下は、岐阜、京都、滋賀、奈良の順。
□「つれもていこら」といえば、一緒に行きましょうという意味。
□自転車のことを「てこ」と呼ぶ。

□「水せった」とは、ビーチサンダルのこと。

◆三重県

□伊勢神宮は、デートコース。

□三重県のパチンコ店は、大晦日だけ、オールナイト営業する。

□松阪牛や伊勢海老は、地元で買っても高い。

□天むすは、愛知県ではなく、三重県発祥のメニュー。

□青山峠を境に、東側（北側）は名古屋弁、西側（南側）は関西弁が中心。

□干からびることを「かんぴんたん」という。

□自転車のことを「けった」と呼ぶ。

□明明後日のことを「ささって」という。

◉コラム・東日本と西日本の壁❼

食パン一斤の枚数が、東西で異なるのは？

喫茶店でトーストを食べると、関東と関西では、食パンの厚さがずいぶん違います。関西の食パンが分厚いのに対して、関東の食パンは薄いのです。

また、スーパーやコンビニで売れる食パンにも厚さの違いがあり、8枚切りの薄い食パンは、その9割が東日本で売れます。一方、5枚切りの分厚い食パンは関西でよく売れます。つまり、食パンの好みは、関東が薄切り、関西が厚切りと、はっきり分かれているのです。

その理由は、関東にはカリカリのトーストを好む人が、関西では食パンのモチモチした感じが好きという人が、それぞれ多いことがあるようです。

なお、愛知県（名古屋）は薄切りと厚切りが半々ぐらいの人気で、北海道・東北には薄切り派、中国・九州は厚切り派が多いという〝西厚東薄〟の傾向があります。

3 中国・四国・九州・沖縄

岡山県の県民性　東西南北に分かれるキャラクター

岡山県は、気候は温暖で、晴れの日の多い住みやすい土地です。新幹線を使えば、大阪や神戸、広島に1時間前後で行けます。

そうした岡山は、地理的には、京阪神と北九州をつなぐ位置にあって、瀬戸内海をへだてて四国とも向き合っています。古くから、山陽道や瀬戸内海を通じて多くの人がやってきては、さまざまな物産や情報をもたらしました。そんな地理性から、この地では、開放的で人あたりのよい県民性が育まれました。

また、岡山の人々は、万事に臨機応変、進取の精神に富んでいるといわれます。そうした気風が、多数の起業家を生み出してきました。

さらに、岡山の人々は、古くから教育熱心で、江戸時代には全国初の藩校を設け、私塾や寺子屋の数も、全国トップクラスでした。今も、人口比でみると、大学や短大の数が多い土地です。

ただし、岡山県にも地域性があって、県南（備前・備中）と県北（美作《みまさか》）では、性格が分かれるといわれます。県南は、進取の気風がある反面、協調性に欠けるといわれます。一方、県北の人は辛抱強いのが持ち味で、かつては「関西に奉公に出て出世するのは、美作人」といわれました。また、人情に厚い土地柄で、「駆け落ちするなら、(県北の）津山に行け、鍋釜まで貸してくれる」といわれたほどです。

また、同じ県南でも、岡山市を中心とする東部は、京阪神を向いていて、プロ野球も阪神ファンが多い土地柄。一方、倉敷市を中心とする西部は、広島との結びつきが強く、広島ファンが多いという傾向があります。

広島県の県民性　本当に熱しやすく、冷めやすい？

広島地方は、古くから瀬戸内海を利用した水運の中心地として栄えてきました。江戸時代には、北の物産を運んできた北前船が、関門海峡から瀬戸内海に入り、広島を通過して、大坂まで物産を運んでいました。そのため、広島には、新しい商品と情報がたえず入ってきていました。

そんなことから、広島では、新しもの好きで、冒険心旺盛な気質が育まれました。独立心が強く、負けず嫌いで、即行動に移すキャラクターといえます。そして、陽気で明るく、開放的。古い伝統には固執しません。そして、熱しやすく、冷めやすい、といったところがあります。

とりわけ、熱しやすく冷めやすいところは、広島県民の大きな特徴でしょう。その傾向は、野球の広島カープとサッカーのサンフレッチェ広島に対する応援ぶりにも、よく表れています。チームが強いときには、観客席は大入り満員となるのですが、負けがこみはじめるようになると、アッという間に閑古鳥が鳴くことになるのです。

むろん、全国的に、そうした傾向はあるものの、広島の場合、熱狂ぶりとの落差がひじょうに大きいのです。

鳥取県の県民性　因幡と伯耆で県民性が違う？

鳥取県の県人口は、約55万人。県でありながら、政令指定都市の人口にもおよびません。

隣りの島根県とよく混同され、「鳥取と島根って、どっちがどっちだっけ？」と尋ねられたりする県です。

県民性は、真面目で地味、引っ込み思案で自己主張が苦手という傾向があります。もともと人口が少ないうえ、人と張り合う気持ちが薄いので、大事業を興した人物もそうはいません。

その一方で、忍耐強く、コツコツ真面目に努力する人が多いのも、この県。地道に堅実に、正直な仕事をする人が多いといわれます。

ただ、鳥取県は小さな県ながら、因幡《いなば》（東部）と伯耆《ほうき》（西部）という2つの国からできた県であるため、鳥取市を中心とする東部と、米子市を中心とする西部では気質が多少異なります。

まず、東部は農業中心で、保守的な人が多い土地柄。鳥取市が城下町だったこともあって、タテ意識が強く、地元の名士を中心にまとまっています。

また、「雨の因幡、風の伯耆」といわれるように、東部は雨が多く、「弁当忘れても傘は忘れるな」といわれます。

1年中ジメジメしていれば、口数は少なく、閉鎖的になりがちで、社交性に乏しくなりがちといわれます。

一方、西部は1年を通して強風が吹いています。大山（標高1729メートル）から吹き下ろす風や、日本海からの風が吹き込むためです。そんな風の中で暮らせば、やはり忍耐強い性格になっていきます。

ただし、西部は、木綿の取引などを通して、昔から京阪神と結びつきが強く、商人気質が育まれた分、東部よりは、外交的で陽気な人がやや目立ちます。

島根県の県民性　出雲と石見で県民性が違う？

島根県も、鳥取県と同様、東西に長い県であり、県民性は東西でかなり異なります。

まず、東部は、県庁所在地の松江を中心とするエリアで、もとは出雲の国。真面目で無口、粘り強く、勤勉に働く人が多い地域です。ただし、閉鎖性の高い、保守的な土地柄です。また、「出雲」という神話の国だけに、プライドの高いところがあります。

一方、西部の石見《いわみ》は、古くから漁業や行商が盛んに行われ、他の地域との交流も活発だった土地。そのため、人々の気質は、出雲よりは、楽天的で、あっさりしています。出雲の人が、なかなか腹のうちを見せないのに比べると、石見の人はストレートにものをいう傾向があります。

その出雲と石見では、実は話す言葉はかなり違います。松江市を中心とする出雲の言葉は、東北弁に近いところがあり、その特徴は、松本清張の小説『砂の器』でも取り上げられました。その一方、石見では、広島や山口に近い言葉が話されています。

山口県の県民性　首相を8人も輩出できた理由

伊藤博文、山県有朋、桂太郎、寺内正毅《まさたけ》、田中義一、岸信介《のぶすけ》、佐藤栄作、安倍晋三の共通点といえば？――そう、いずれも、山口県の出身で、首相を務めたことです。山口県は、歴代8人も総理を輩出しているのです。

山口県は、江戸時代から「長州人が二人寄れば、天下国家を論じ合う」と言われた土地柄。今も、山口県人は仲間うちで集まると、他県人よりは、天下国家を論じ合う傾向があります。

むろん、数多くの首相を生んだ理由には、この県（長州藩）が明治維新の「勝ち組」だったことがあります。明治時代には、藩閥の引きによって、長州出身者が政官界で出世していきました。

ただ、戦後も3人の首相を出していることを考えると、その県民性も関係しているとみていいでしょう。

山口県には、自信家で頑固、自分の意見をはっきり持ち、自分の判断に従って生きたいと考える人が多いといわれます。また、権威主義的で、自己顕示欲が強いといわれます。大言壮語するタイプも多いので、有言実行をモットーとしている県民ともいえるでしょう。

人間関係では、いったん信頼すれば、深く気を許し、濃い付き合いを好みます。ただ、真面目すぎて、冗談の通じない人が多いともいわれます。

香川県の県民性　なぜ穏やかで人当たりがいいか

香川県は、瀬戸内海に面して、気候は温暖。そんな土地で、明るく、穏やか、人当たりがよい県民性が育まれてきました。

また、香川県は、日本で最も小さな県ですが、穏やかな県民性になったのも、その狭さが関係しているといわれます。土地が狭く、人口密度が高いため、人間関係を大切にするようになり、それが人当たりのよさにつながったというのです。また、四国の玄関口であり、金比羅様のお膝元ということもあって、観光客が多数訪れることも、人当たりがよくなったことの理由といわれます。

その一方、香川県には「へらこい」という言葉があります。これは、「こざかしい」や「抜け目のない」という意味の讃岐弁です。香川県では、この形容詞を悪口ではなく、むしろほめ言葉として使います。

香川県は、温暖な気候ながら、降水量は多くありません。しかも、大きな川が流れていないため、たえず水不足に悩まされてきました。かつては、干ばつの被害にあうことも多かったのです。

そこで、人々は、農業だけでなく、商売にも精を出すようになりました。やがて抜け目なく立ち回る商才のある人が認められるようになり、「へらこい」がほめ言葉にもなったというわけです。

徳島県の県民性

女性経営者を多く生んだ土地柄

徳島県も、四国では、隣りの香川県と同様、穏やかで、人当たりのいい人が多い土地柄。商売上手の人も多い地域です。「まとまったお金がたまると、会社を興す」といわれるほど、ビジネスへの関心が高いエリアです。

その仕事ぶりは、堅実で、計算できることにしか手を出さないという傾向があるといわれます。そうした堅実なキャラクターは、1人当たり預貯金額では全国トップクラスという点にも表れています。

また、徳島県には、「女性社長が多い」という特徴もあります。四国では昔から「讃岐男に阿波女」といわれてきたのですが、そうした徳島の女性に対する評価の高さには、「やりくり上手」という面が含まれていました。今では、その能力が会社経営に生かされ、徳島県は、女性社長の占める割合が全国トップクラスに位置しています。

愛媛県の県民性　キャラクターが異なる3つの地域

愛媛県は、日照時間の長い瀬戸内海式気候に恵まれ、暑からず寒からず、年間平均気温は15～16度という、暮らしやすい土地柄。南側に、四国最高峰の石鎚山《いしづちさん》（標高1982メートル）を擁する四国山地がそびえているため、四国では珍しく、台風の被害もほとんどありません。そうした温和な気候に恵まれ、おっとりとした万事にほどほどという気質が生まれました。

ただし、愛媛県は、江戸時代は「伊予八藩」といわれたように、8つの藩に分かれていました。東から、西条、今治、小松、松山、大洲《おおず》、新谷《にいや》、宇和島、吉田の八藩です。そのため、今も、今治・新居浜を中心とする「東予」、松山を中心とする「中予」、宇和島を中心とする「南予」では、若干気質が異なるといわれます。

まず、「東予」は商業活動が早くから活発化した地域で、商才にたけ、自立心が旺盛な人が目立ちます。伊予商人も、今治の人が中心でした。明治以降は、上方から住友財閥が入ってきて、関西人と濃厚に付き合うなか、より合理的で実利的な気風が育まれました。

「中予」は、地味が肥え、ものなりのよい土地柄。その分、温和でやさしい人が増え、正岡子規ら文人・俳人を輩出しました。

一方、「南予」は高知（土佐）に近く、愛媛県のなかでも、明るく人情味豊かな土地。いたって陽気で、後先を考えずに行動する人が多いといわれます。

そういった土地柄の違いから、愛媛では、お金が入ってきたら、「東予人は商売をはじめ、中予人は銀行に預けてその金利で趣味を楽しみ、南予人は飲んでしまう」といわれます。

高知県の県民性　「いごっそう」と「はちきん」が誕生するまで

高知県は、北側には四国山地が連なり、南には太平洋が広がる土地柄。今でも県外に出にくいその地形は、かつては「流刑地」として利用されました。

そうして、今の高知県には、かつて都から流人が送りこまれたこともあって、反権力・反権威的な気質が育まれました。そのような風土が、幕末の勤皇の志士、明治時代の自由民権運動の闘士を生んだといってもいいでしょう。

その高知県は四国最大の県ですが、県面積の80％以上が山林であるため、可住地面積は香川県よりも狭いほどです。加えて、夏から秋にかけては、台風の直撃を頻繁に受けます。そうした荒々しい風土のなかでできあがったキャラクターが、「いごっそう」と「はちきん」です。

「いごっそう」は、高知の男性の頑固一徹な性格を表す言葉。議論が好きなうえ、意固地なので、意見が衝突すると、双方が譲りません。実際、高知県では、法廷へ持ち込まれる案件が多く、人口のわりには弁護士の数が多い土地です。

一方、「はちきん」は、働き者で明るい高知女性のキャラクターを表す言葉。過去を振り返らずに、がむしゃらに進んでいくというキャラクターです。

そんな、はちきんといごっそうがケンカをすれば、離婚となるケースが多く、高知県の離婚率は高く、全国ベスト10の常連です。

福岡県の県民性

なぜ、たくさんの芸能人を輩出できた？

芸能人にはとにかく福岡県出身者が多く、松田聖子、郷ひろみ、井上陽水、氷川きよし、タモリに武田鉄矢とあげればキリがありません。福岡県は、質量ともに、他県を圧倒する芸能県といえますが、そのことは、福岡県の県民性を象徴しているともいえます。

芸能人に必要なキャラは、明るく、陽気で派手好き、目立ちたがり屋といった具合に、性格に華があること。そもそも、そういうタイプが多い福岡県の県民性が、裾野の広さとなって、芸能人を輩出してきたといっていいでしょう。

そうした県民性は、福岡県、とりわけ博多周辺が、弥生時代以来の港町であることによって育まれてきたといえそうです。古代から現代に至るまで約２０００年の間、今の福岡県は中国・朝鮮半島との交流の拠点であり、多くの人と物産と情報が集まっては散っていきました。その結果、福岡県には、おおらかでオープンな県民性が生まれたのです。

そして、多くの人が集まる場所で、物を売り買いするには、人よりも目立つ必要があります。そうして、明るいキャラクターを生むことになりました。

ただ、そうした福岡県にも、地域によって、多少は気質の違いがあります。まず、筑前（太宰府や宗像《むなかた》市など）や、東部の豊前（北九州市など）は、男性的で開放的。意地っ張りで気性は荒いが、純粋なところがあります。

一方、筑後（大牟田市や久留米市）は、封建的な雰囲気と都会的なスマートさを兼ね備えています。筑豊炭田地域（直方市、飯塚市、田川市）は、気性は荒いが、義理人情に厚い土地柄。気前がよく、気に入ると深く親しく付き合う熱血漢が多いエリアです。

大分県の県民性
「赤猫根性」とは、どういう意味？

大分県には、「赤猫根性」という言葉があります。利己的でケチ、協調性がなく、仲間同士で足の引っ張りあいをするという気質を表した言葉です。

大分県は、西部と南部を山に囲まれ、北部と東部には海が広がっています。県内の8割は山地で、トンネルの数がひじょうに多いという土地柄です。そうした土地が、豊臣・徳川政権によって細かく分割されたため、江戸時代には、中津10万石を筆頭に、8つの藩と天領に分かれていました。山と海に囲まれた狭い土地に、境界線が細かく引かれたのですから、しぜんと排他的で閉鎖的、利己的な気質が育つことになったのです。

そうした気質は、動物にたとえると、人になつかず、油断がならない赤猫の気質に似ているとみて、「豊後の赤猫根性」という言葉が生まれたのです。

また、小藩分立の歴史が続いた結果、大分県民は、県全体としての仲間意識は薄いといわれます。

一方、自分の地域に対する郷土意識は強く、それがかつて熱心に取り組まれた「一村一品運動」の成功につながりました。

佐賀県の県民性　真面目で几帳面なタイプが目立つ？

佐賀県といえば、「武士道とは死ぬことと見つけたり」で有名な『葉隠《はがくれ》』を生んだ土地。

また、藩主の鍋島家は、幕末、富国強兵のため、経済を統制し、領民には質素倹約を求めました。そうして、肥前藩では、勤勉努力を美徳とし、規則や秩序、気品を重んじる気風が培われました。

明治維新からすでに150年以上が経過し、そうした気風は年を経るごとに薄まりながらも、今なお生き続けています。とりわけ、佐賀県民には、他の九州人と比べても、真面目、几帳面、堅物というタイプが多いのです。

たとえば、佐賀県民の実質労働時間は、全国的に見ても、かなり長いほうで、その仕事ぶりは、コツコツ努力する堅実タイプ。その一方で、社交性やおおらかさに欠ける人が多いといわれます。

もっとも、同じ佐賀県内でも、北の唐津市や伊万里市、東の鳥栖市は、福岡県に近いぶん、どちらかといえば、明るい性格で、物わかりのよいタイプが多いといわれます。

長崎県の県民性 「ちゃんぽん」型の県民性!?

長崎は、江戸時代から、日本で唯一、外国人と接することのできた土地であり、開放的で明るい、ハイカラな気質が生まれました。

また、江戸時代、長崎では、警察権を除く行政が住民の自主管理にまかされていました。そのことは、自由な気風を培ったといっていいでしょう。また、貿易関税の利益の3分の1程度が地元に還元されるという豊かな土地柄でもあったので、長崎の人々はあくせく働く必要もなく、おっとりした気質が育ったのです。

ただ、それも、長崎市の話であり、県全体に目を向けると、県としてのまとまりに欠けるところがあります。長崎県は、海岸線が入り組んだ本土と、600にもおよぶ島々から、構成されています。地形は多様性に富み、各地の目指すところはバラバラです。とりわけ、保守的な長崎市と、革新気質の強い佐世保市は、いろいろなことで対立しがちです。

あるいは、五島列島のなかでも、上五島と下五島では気質が違います。上五島には漁師が多く、佐世保とウマが合い、一方、下五島は地道な農耕系で、長崎市民に親しみを感じるという具合です。

さらに、壱岐《いき》や対馬の人々は、長崎県に属してはいるものの、距離的に近い福岡県に愛着を抱いているなど、長崎県はまさしく〝ちゃんぽん〟のようにさまざまな気質が混ざり合った県なのです。

熊本県の県民性
「肥後もっこす」「肥後の鍬形」とは？

熊本県民の県民性を表す言葉に、「肥後もっこす」があります。頑固一徹で、こうと決めたらテコでも動かないという気質です。

その一方、「薩摩の大提灯、肥後の鍬形《くわがた》」という言葉もあります。その意味は、薩摩（鹿児島）の人は、誰か一人が大きな提灯を掲げ、先導となると、残りの人はそのリーダーにつき従いますが、熊本の人は、一人ひとりが鍬形の飾りをつけた兜をかぶっているようで、みんなが大将になりたがるので、なかなかまとまらない、という意味です。

「肥後の鍬形」と似た意味の言葉に、「肥後の議論倒れ」があります。熊本県人どうしが話し合いをすると、全員が自己主張するため、いつまでたっても方針が決まらず、行動に移せないという意味です。

ただ、熊本県民は、郷土愛がひときわ強く、今でも加藤清正公と熊本城をことのほか愛しています。そして、県外に対しては、一致団結して対応する傾向があります。

宮崎県の県民性　「ほどほど」を愛する県民性

宮崎県は、旧国名の「日向」に表されているように、日の光をふんだんに受け、穏やかに暮らしてきた人の多い土地。温暖な気候と肥沃な土地、豊富な海の幸に恵まれて、県民気質はいたってのんびりしています。

そのうえ、宮崎では、昔から大きな争乱がほとんど起きませんでした。そうした歴史的背景からも、宮崎県民は、競争心の薄い、おおらかな気質になったといえそうです。

そして、かつては新婚旅行客が多数訪れ、近年は、韓国や台湾から大勢の旅行客が訪れています。そういう人々を迎えてきた宮崎県民は、サービス精神、親切心にもあふれています。

ただ、その一方、宮崎県民には、コツコツ努力する勤勉さには欠けている面があります。それを象徴するのが「てげてげ（ほどほどに）」や「よだきい（面倒くさい）」、「のさん（耐えられない）」、「いっちゃが（どうしようもない）」といった宮崎地方の方言です。

そうした宮崎県民の「ほどほどに」精神は、上陸する台風が多いことによって生じたともいわれます。台風に見舞われ、農作物が大きな被害を受けるたび、県民は「まあ、しょうがない」とあきらめるなか、勤勉に努力する気質が薄れることになったというのです。

鹿児島県の県民性 「ぼっけもん」って、どんな性格？

鹿児島県（薩摩国）では、昔から「ぼっけもん」が、男性の理想像とされてきました。質実剛健で豪放磊落、裏表がなく、竹を割ったような性格の人を薩摩では、こう呼びます。

江戸時代、薩摩藩では、藩をあげて、士族の子弟をぼっけもんに仕立てようとしました。士族の子弟は、「郷中」という一種の少年団に入団させられ、集団教育を受けたのです。そこでは、机に向かって書を読むことよりも、心身の鍛練が重んじられました。

そうした教育が必要だったのは、薩摩が貧しい土地柄だったからといえるでしょう。薩摩の半分以上は、火山灰でおおわれたシラス台地であり、米作には向かず、昔はかろうじてサツマイモを作れる程度でした。その貧しさを乗り越えるには、ぼつけもんの精神を養うしかなかったのです。

沖縄県の県民性　明るい反面、意外と閉鎖的!?

沖縄は温暖な土地であり、1年を通じて軽装で過ごすことができます。お金がなくても、海や山へ行けば食べ物が手に入ります。そういう環境では、どうしても性格がのんびりしてくるものです。沖縄県民の県民性は、一般的にいえば、明るく、のんびりしていて、人なつっこく、やさしいといったところでしょう。

そういう沖縄の県民気質を表す言葉に「テーゲー主義」があります。「テーゲー」とは「大概」のことで、「それくらいでいいよ」というほどの意味。「ほどほどで十分」、「そんなに頑張らなくてもいいよ」という意味が含まれます。

そんな「テーゲー主義」は、時間感覚にも反映され、沖縄は「ウチナー（沖縄）タイム」で動いています。これは、沖縄県民独特の時間感覚のことで、たとえば、待ち合わせ時間に遅れるのは、ごく普通のこと。遅れた人は、さほど悪いこととは思いませんし、待たされたほうも、相手の遅刻に目くじらを立てることもないのです。だから、沖縄出身の人と付き合うときには、相手が待ち合わせ時間に遅れてきたとき、謝りもしなくても、笑って許す度量が必要になります。

ただ、のんびりしたキャラである一方、沖縄県民には意外に閉鎖的な面もあります。身内や同郷の人にはひじょうに親密である反面、それ以外の人に対して閉鎖的になる傾向があるのです。

たとえば、沖縄県には、今も「模合《もあい》」と呼ばれる身内や同郷の人たちによる相互扶助システムが残っています。「模合」は、次のように運営されます。身内や同郷の人々が10人ほど集まり、月に一度程度、飲み会を開きます。そして、その会費として、たとえば1万円ずつ支払い、飲み代が1人3000円だったとすると、メンバーの1人が余った7万円（7000円×10）を受け取ることができます。飲み会が月1回とすれば、残りの9か月間で、会費の形でそれを返すことになるのです。

この制度は、金融機関が発達していなかった時代、相互金融的な機能を果たし、今まで受け継がれています。会によっては、一度に持ち寄る金額が50万円や100万円というケースもあり、ビジネス融資の役割も果たしています。

《特集》

県民だけが知っている！〈中国・四国・九州・沖縄〉

◆岡山県

□車線変更するさい、ウインカーを出すのが遅い。出さないで曲がる人もいる。

□制服の生産量が全国一なので、制服廃止論はタブー視されている。

□晴れる日が多いため、天気予報が雨でも、傘を持ち歩かない。

□地元の人は、きび団子をほとんど食べない。

□「ぼっけ」は、「とても」「たいへん」という意味。

□音程がはずれることを「声がもげる」という。

□20台の数を数えるとき、21《にいち》、22《にいに》、23《にいさん》と数える。

◆広島県

□広島カープが負けると、機嫌が悪くなる。広島県民の前で、広島カープの悪口は禁物。
□広島カープの真っ赤なユニフォームで、街を歩いている人がいる。
□広島カープが優勝すると、多くの店がセールをはじめるなど、とにかく大騒ぎになる。
□広島で「今日、どうだった?」といえば、広島カープが勝ったか負けたか、のこと。
□世界遺産の宮島には、さほど行かない。
□牡蠣をいつも食べているわけではない。
□大半の家庭が、おたふくソースを常備している。業務用の1リットルサイズを買う家も多い。
□正座のことを「おじんじょ」という。
□「はぶてる」とは、すねる、ふて腐れるという意味。

◆鳥取県

□遠足は鳥取砂丘。
□スクール水着は紺色ではなく、オレンジ色。

□何かと、島根県と間違われる。
□鳥取県には、「市」が4つしかない。
□電車があまり走っていないこともあって、鉄道を「汽車」と呼ぶ。
□お雑煮として、ぜんざい（お汁粉）を食べる。
□給食にカニが出る。
□焼き肉のあとに、焼きそばを食べる。
□「だんだん」は「ありがとう」という意味。
□「こんばんは」のことを「ばんなりまして」という。「晩になりまして」の意。

◆島根県
□どじょうすくいのできる人が多い。
□旧暦10月のことを「神在月《かみありづき》」と呼ぶ。
□何かと鳥取県と間違われる。
□10時と3時に、お茶を飲む。
□茶碗蒸しに春雨が入っている。

□びっくりしたことを「おべたわ」という。
□お客を見送るときに「ようこそ」という。
□東部と西部では、よく通じないくらい、言葉が違う。

◆山口県

□「ふぐ」のことを「ふく」という。
□下関でも、ふぐを日常的に食べているわけではない。ただし、給食にフグ（雑炊か唐揚げ）が出ることがある。
□大きな買い物は、県内ではなく、広島か福岡に出かける。
□道路がよく整備されている。首相を何人も出したおかげといわれる。
□ガードレールがオレンジ色。夏みかんをモチーフにした色。
□自転車通学は、ヘルメット着用。
□自転車をおすことを「自転車をつく」という。
□長州征伐という言葉は使わない。「四境戦争」と呼ぶ。
□山口県（「ま」にアクセント）と山口市（「や」にアクセント）では、アクセントが違うので、「山口」というだけで、どちらのことか、わかる。
□吉田松陰のことを「松陰先生」と呼ぶ。

◆香川県

□「3食、うどんでもOK」という人が多い。朝ご飯でも、うどんを食べる。
□法事でも、うどんを食べる。
□他の都道府県に出かけたときは、うどんをあまり食べない。
□大晦日に、そばではなく、うどんを食べる人がいる。ただ、さすがに、そばを食べる人のほうが多い。
□うどんの湯切りをセルフでするのが当たり前と思っている。
□水不足になると、うどん店が閉まることがある。
□水不足に悩まされがちなので、水がめである早明浦《さめうら》ダムの貯水率を把握している。
□交差点の手前の道路に、「合図」と書かれている。ウインカーを出さない人が多いためにとられた措置。
□四国八十八箇所の寺の近くにあるコンビニには、遍路用の杖を置いてある。

□お雑煮にあん餅を入れる。
□お腹いっぱいになることを「お腹がおきた」という。
□香川県民の「○○しない」は、「○○しなさい」という意味。

◆徳島県

□何にでも、すだちをかける。味噌汁にも、すだちを絞り、カレー、焼き肉にもすだちをかける。
□大半の人は、阿波おどりを踊れる。ただし、県民全員が踊れるわけではない。
□一年が阿波おどりを中心に回っている。
□画用紙で、阿波おどり用の編笠を折ることができる。
□徳島空港の愛称は、「徳島阿波おどり空港」。
□小学校の運動会でも、阿波おどりを踊る。
□四国八十八箇所霊場巡りは、香川県ではなく、徳島県からはじまる。1番から23番までは徳島県内。
□全国の都道府県で、唯一電車が走っていない。走っているのは、ディーゼル車。

□「むつこい」とは「味が濃い」という意味。
□タクワンのことを「こんこ」という。
□赤飯に、塩ではなく、砂糖をかけて食べる。

◆愛媛県

□みかんをあまり買わない。知り合いから、もらえるので、「買ったことがない」という人もいるほど。
□独特の儀式「少年式」（14歳になった少年・少女を祝う式典）が行われている。
□秋祭りの日、学校が休みになることが多い。
□どのスーパーにも、「じゃこ天」が並んでいる。
□愛媛県内でも、蛇口からポンジュースが出てくるのは、松山空港だけ。
□給食に冷凍みかんが出る。
□「だらい」といえば、「面白い」という意味。
□「がいな」といえば、「すごい」という意味。

◆高知県

□たいていの高知県民は、「○○ぜよ」とはいわない。語尾でよく使うのは「○○ちゅう」。「食べちゅう」「言うちゅう」「○○しちゅう」など。

□運動会のダンスは、よさこい踊り。

□高知県でも、藁焼きの鰹のタタキを食べたことのある人は少ない。

□年末年始に、クジラを食べる習慣がある。

□お酒の締めに、ギョウザを食べる。

□「のうが悪い」とは、気持ち悪いという意味。

◆福岡県

□本当は、ラーメンよりも、うどんが好きという人が多い。そして、ラーメン店よりも、うどん店のほうが多い。

□ゴミは夜間収集する。ゴミ出しも夜に行う。

□「日本三大都市は、東京・大阪・福岡」だと思っている。

□中洲の屋台には、あまり行かない。観光客の行くところだと思っている。

□運動会や体育の授業で、立ったり座ったりするとき、「ヤー!」と叫ぶ。
□ソフトバンクホークスのテーマ曲『いざゆけ若鷹軍団』を歌える人が多い。
□明太子をそうは食べない。
□肉まんは酢醤油で食べる。
□「かたらせて」とは、「仲間に入れて」という意味。
□お金を両替することを「お金をこわす」という。

◆大分県

□温泉を引いている家が多い。
□毎日、温泉に行けるため、内風呂がない家もある。
□学校の室内プールが温泉ということもある。
□長い距離をひたすら歩く「努力遠足」がある。
□何にでもカボスをかける。
□カボスはタダでもらえるものと思っている。
□唐揚げをよく食べる。鶏肉の天ぷらの「とり天」もよく食べる。その分、ケンタッキー（フライドチキン）が売れないという説もある。

□「よだきい」とは「面倒くさい」という意味。

□渋滞して車がなかなか進まないことを「いっすんずり」という。

◆佐賀県

□同じ言葉を3度続ける人が多い。

□唐津くんちが開かれるとき、市内のほとんどの小中学校が休校になる。

□「佐賀んもんのいっちょ残し」といって、大皿料理の最後の1個を残す。

□焼きとりに、キャベツがつく。

□「サ行」をうまく発音できない人が多い。

□「がばい」とは「とても」という意味。

□穴があいていることを「穴がほげている」という。

◆長崎県

□お盆に、お墓で花火、爆竹を使う習慣がある。そのため、長崎のお盆は、線香ではなく、火薬の臭いがする。
□坂が多すぎるので、自転車に乗っている人を見かけない。また、自転車に乗れない人が多い。
□坂の上のほうに住んでいる人は、お金持ちという説あり。
□皿うどんにソースをかける。
□お正月に、クジラやナマコを食べる。
□「今から来る」といえば、「今から行く」という意味。
□「精霊流し」は、さだまさしの歌とは違って、爆竹を鳴らすにぎやかな祭り。
□かさぶたのことを「つ」という。「ち(血)」が出たあとに、できるから。
□靴下に穴があいている状態を「じゃがいも」という。

◆熊本県
□どこにでも、くまモンがいる。
□熊本県の精肉コーナーには、馬肉が並んでいる。
□人気の人物は、加藤清正で、地元の人は「せいしょう公」と呼ぶ。

□アーケード街「下通」の角にあるマクドナルドを「角マック」と呼ぶ。
□戸を閉めることを「あとぜきをする」という。学校のドアに「あとぜき（ドアを閉めなさいという意）」と貼り紙をしていることがある。
□「電車に乗る」といえば、路面電車に乗ること。「汽車に乗る」といえば、ＪＲに乗ること。

◆宮崎県
□時間にルーズとされ、「日向時間」という言葉がある。
□運動会では、「赤団」と「白団」に分かれて戦う。「青団」や「黄団」がある場合も。
□民放のテレビチャンネルが2つしかない。そのため、チャンネルを変えることを「裏にする」や「反対にする」ともいう。
□フェニックスとヤシの木の違いに敏感。
□チキン南蛮を昔からの全国メニューと思っている。宮崎発と知って驚く。
□うどんは、コシの弱い細麺。
□「へともしれん」とは「くだらない」という意味。

◆鹿児島県

□桜島が噴火したとき、まず煙の方向を見る。火山灰が飛んでくるかどうかを確認するため。天気予報でも、桜島上空の風向きの予報が流れる。
□ただし、火山灰が降ってきても、騒ぐことはない。
□火山灰のせいで、洗濯物は部屋干しが基本。よく降る地域では、洗濯物を干すための部屋がある。
□火山灰を入れるために専用の黄色い袋が各家庭に配られる。
□西郷隆盛のことは「西郷さん」とさん付けで呼ぶ。
□上野の西郷さんの浴衣姿には、どうも納得がいかない。
□どのタイプの飲食店も、焼酎を置いている。
□「おいどん」、「～でごわす」を使う人は、ほとんどいない。
□「ですです」は、「そうそう」という意味の相槌。
□「だれやめ」といえば、晩酌のこと。「だれ」は「疲れ」という意味。
□「おらぶ」とは「叫ぶ」という意味。

◆沖縄県

□そののんびりした時間感覚は「ウチナータイム」と呼ばれる。

□歩くのが嫌い。車社会であるうえ、そもそも暑い。

□海には、水着ではなく、Tシャツ姿で入る。

□高校野球が大好き。沖縄県の高校が出場する時間は、街から人影が消える。

□パワーショベルで掘り返すと、戦時中の不発弾がけっこうな確率で発見される。

□居酒屋で、コースター代わりに、おしぼりをグラスの下に敷く。

□お祝いするときは、ケンタッキーフライドチキンを食べる。

□ぜんざいは冷たいもの。

□泡盛をコーラで割って飲む。

□路線バスが時間通りに来ない。

□物に手足をぶつけたとき、「あがっ！」という。

□「そっちに来るから」といえば、「そっちに行くから」という意味。

◉コラム・東日本と西日本の壁❽

関西の骨つぼが、関東よりも小さいのは?

関西と関東では、骨つぼの大きさが違います。関東を中心とした東日本では、骨つぼの高さが30センチ近くありますが、関西を中心とした西日本では、その半分程度の大きさです。そのため、東京の骨つぼを関西の墓に納めようとすると、入らないこともあります。

東日本と西日本で骨つぼの大きさが違うのは、火葬後に拾う骨の量が異なるからです。東日本では、一般に、歯、足、腕、腰、肋骨、頭骨の順に拾い、最後に喉仏を納めます。関東では、なるべく多くの骨を拾い上げて、つぼに納めるのです。

一方、関西では、関東のように小さな骨までは拾いません。そのため、小さな骨つぼでも納まるのです。

青春文庫

他県《たけん》が知《し》らない県民《けんみん》の壁《かべ》

2023年 8 月20日 第 1 刷

編　者　ライフ・リサーチ・プロジェクト
発行者　小澤源太郎
責任編集　株式会社プライム涌光
発行所　株式会社青春出版社
〒162-0056 東京都新宿区若松町 12-1
電話 03-3203-2850（編集部）
03-3207-1916（営業部）
振替番号 00190-7-98602
印刷／大日本印刷
製本／ナショナル製本
ISBN 978-4-413-29833-9